中國學術思想 研究輯刊

二四編

林慶彰 主編

第11冊

《藥師經》醫療觀之探析

林秀砡 著

花木蘭文化出版社

國家圖書館出版品預行編目資料

《藥師經》醫療觀之探析／林秀砡 著 —— 初版 — 新北市：花
木蘭文化出版社，2016〔民 105〕

目 4+164 面；19×26 公分
（中國學術思想研究輯刊 二四編；第 11 冊）
ISBN 978-986-404-725-3（精裝）

1. 藥師經 2. 研究考訂

030.8　　　　　　　　　　　　　　　　　105013483

中國學術思想研究輯刊
二四編　第十一冊　　　　　　　ISBN：978-986-404-725-3

《藥師經》醫療觀之探析

作　　　者　林秀砡
主　　　編　林慶彰
總 編 輯　杜潔祥
副總編輯　楊嘉樂
編　　　輯　許郁翎、王筑　美術編輯　陳逸婷
出　　　版　花木蘭文化出版社
社　　　長　高小娟
聯絡地址　235 新北市中和區中安街七二號十三樓
　　　　　　電話：02-2923-1455／傳真：02-2923-1452
網　　　址　http://www.huamulan.tw 信箱 hml810518@gmail.com
印　　　刷　普羅文化出版廣告事業
封面設計　劉開工作室
初　　　版　2016 年 9 月
全書字數　115056 字
定　　　價　二四編 11 冊（精裝）新台幣 20,000 元　　　版權所有·請勿翻印

《藥師經》醫療觀之探析

林秀砡 著

作者簡介

林秀砡，1959 年生，天秤座，
台灣省嘉義市人，現居新北市，
中華民國奇門學會理事長，
國家中醫師檢定考及格，
空中大學生活科學系、人文學系畢業，
華梵大學東方人文系碩士畢業。

提　要

　　《藥師經》的經文中，佛說有三種名稱：一是《藥師琉璃光如來本願功德經》，二是《十二神將饒益有情結願神咒》，三是《拔除一切業障》。佛教界常簡稱爲《藥師經》。諸佛、菩薩皆有拔除眾生之業障及救度眾生之願力，也因此願力而成就佛與菩薩之功德與階位。藥師佛依其十二大願力故，以救濟、化度眾生之生理與心理，依眾生之需求而滿足之，並以「法藥」佛法救人天 能成就如藥師佛功德的大悲功德。

　　《藥師經》中本具的入世濟世精神，以大乘佛法救渡眾生的「意識」形成，成爲修持梵行人入世救渡眾生的最終信念，有其現世存在的客觀條件，促使人們在同理中成就《藥師經》中所言的「十二大願」，即是《藥師經》入世濟世精神。

　　佛教具出世成就與入世功德，《藥師經》所傳達佛法中己達達人，己利利人的入世大乘佛教精神。入世救濟眾生精神的表達方式眾多，分說《藥師經》的精神所展現現代佛教的醫療活動新象，並兼談宗教之醫療觀。

目

次

第一章　緒　論

第一節　研究的動機與目的

　　佛教之所以獲得廣泛高度的認同，最根本的力量是來自它建構圓滿的出世國度，讓人們依循佛教中理性的作為，以善的理念行之於個人周遭的人際關係與社會。而人們努力成就個人圓滿智慧與人格文化，用以實現佛陀理念中的的慈、悲、喜、捨國度，成為世人發揮個人慈悲的理念與形諸於外的利他行為，以人饑己饑、人溺己溺的同理心，付諸實際佛教教理思想中能利益自己與利益他人能力的行動。以實踐維護人類最大希望的社會和諧，並減少社會一般常見的苦難到最低程度，用以實踐大家都能安居樂業成為佛教理想中圓滿國度的最大成就。《藥師琉璃光如來本願功德經》以能成就入世圓滿的大願，成為濟世精神中能自利兼能利它的圭臬經典。

　　本論之動機主要欲用以陳述《藥師琉璃光如來本願功德經》中所說之十二大願之濟世觀，加以發揚、表達佛陀所傳達之悲智佛教文化與醫療上的實用知能。佛陀所說《藥師琉璃光如來本願功德經》經典，亦如佛陀所引用大乘自渡並渡他之入世精神，用以喚醒人們「善的自性」，並分說佛教在醫學上所採用的的幾種常見醫療方式。

　　本論之目的在闡述《藥師經》中之十二大願的之佛教入世精神。並就出世、入世的說法述說眾生何以得病，又提出眾生能以何種方式得以遠離「身病」、「業病」的方式。末了讚許宗教團體的宗教醫院建成之動機、台灣佛教界非營利事業救濟組織之經營主旨與方式。並簡述常見之顯教藥師修持簡

軌,及修持法的要義。又細說《藥師經》所說「得正等正覺」時所發之十二大願,是為利益安樂所有世間有情,在家居士如有發心善護念諸眾生之疾苦者,發大悲心布施一己所能布施者,能於在世實現如《藥師經》中所言出世間「覺」時,猶如未登地藥師佛之化身,努力於實現社會安和的維護,實現社會祥和。

佛教住於人心,因於其所述之經文,與人生百態相關,經文中所言如因果觀、福報觀之經文,直指眾生之不順之處,令眾生一解心中所常不解的困厄,常疑惑此生為何多所磨難之苦。又有闡述凡人常為善事,便得福果業報;常做惡事,便得苦果業報。如此善惡相循之經文,常見於諸多經典之記載,經典中勸戒世人,若能依循佛理則得解脫業報纏縛,若常人能守五戒、發四無量心、行六度萬行等。總一鑰要,即是由自心所發無上菩提心,便得趣入佛境。今解說藥師琉璃光佛於未登究竟成就時所發十二大願之內容,深具無量功德,而實乃是人性之發揚,是經由內心的開悟佛理而產生真正之喜悅之心、平等之心與無仇恨心,是眾生能返觀自我,以觀己之心識或所行之事業與佛所說經義契合與否。並以實際行動成就濟世、救民之善行。讚嘆佛之大願,實則讚嘆人心善願皆得成就。

第二節　前人研究成果之回顧

講述藥師法門之作以中、日資料為主。現存近期前人及諸大師之作如:
《藥師經講記》,釋印順著。

印順大師,以其深厚的佛學修養,為後學者詳細解說《藥師經》經義,從序緒論之緣起、釋經題、並說明翻譯本之區別。在正釋經文各分中,緣起分、正中分、行願、十二大願分釋、果德、善巧方便、得善益、持咒治病益、供養受持益、受持得加被益、更詳細說明佛德的不可思議力量,對於後續諸菩薩對於藥師佛的弘傳、說延壽法、勸行佛法、諸藥又誓言護法,都詳細分說。其間並敘述重要基本佛法法要,讓初識「藥師佛」者,能深入淺出的認識《藥師經》。印順大師論及「女之百惡」逼惱,筆者對此提出反正觀點。

《藥師經旁解》,〔清〕適理撰,〔民〕何子培解說。

此書是早期清朝時期之手寫稿,再經由書局翻印成書。對《藥師經》之重要字句或比較生澀之專有佛教精神、語詞,逐字在經文旁或上方書寫解說

經文要義。在六○年代實有讓讀誦《藥師經》者，能明瞭《藥師經》之甚深妙義，別具時代意義。

《殊勝的藥師如來法門》，太虛大師等合輯。

此書集諸多學者精闢之說編撰稿而成，包括民初之弘一大師早期在泉州光明寺所講授之〈藥師法門修持課儀略錄〉，筆者收錄於後之藥師佛法顯教部門修持儀軌中，又有弘一大師所作之儀軌〈藥師七佛供養儀軌輯要〉編於後。證嚴法師曾說，《藥師經》具有不可思議力量及藥師佛大悲精神，是其所引以為經營慈濟機構之力量，其演講詞亦收錄書中。

《藥師經析疑》，弘一大師（1880～1942）遺作。

此書後記言：「是經（《藥師經》）唐疏今多遺佚。弘一大師暮年，據中、日古德著述編著析疑一卷。末附數語，以係例語，今移卷首。大師恭自署簽，下註辛巳十月二十一日始錄稿。惟方繕數行，應泉州之請弘法而輟，旋即遷化。遺稿珍藏篋笥，知者實少，……辛巳年（1941）大師年六十又二，時居溫陵莆林禪院之尊瞻堂，蓋示寂之前一年也。越二十年，迺克校錄。僅綴數語，用志因緣。……」

全文以一問一答方式細解《藥師經》文義，異於一般坊間《藥師經》經文之解說書籍，是為珍鈔。

上列等書籍皆有其精妙處，尤其以前四冊書籍對《藥師經》之解說各有其獨到之見，本文引用用為參考微義。其他前人研究如：

《宗教與現代人生》，林天民著。

此書主要敘述西方宗教教義，說明為「宗教」作確切的定義，並討論宗教與理性、科學的問題，並解說「神」的特性、宗教與人的問題。其最終之結論言：「愛的誡命是宗教最高而不變的誡命，不過我們要如何應用愛的誡命？愛是一種抽象的觀念，如果要應用到實際生活的各別情形的話，我們必須使用理性的思考來判斷，如何做才能增進人的生活和人的利益」。本論取其中與現代人生觀相關之思維，相應於佛法與眾生生活息息相關，及佛法以方便智慧度化眾生的現象。此則與《藥師經》中所含精神意義相同，不同的是，此書更強調「增進人生活和人的利益」正是《藥師經》的出世精神。

《中國佛教文化》，謝路軍，潘飛著。

此書之內容與一般介紹佛教無他，如說明佛教在印度興起，佛教傳入中國，中國主要宗教，佛教與世俗社會，藏傳佛教與南傳佛教，佛教寺院、僧

人、儀式，佛教與中國文化等。本論引其對「居士」在佛教界的重要關係及其角色之見解及重要性。

《佛學講義》，高觀如著。

此書詳述佛傳、佛教弘傳史、佛教概述、小乘、大乘、各大宗派、出家與在家學佛、佛教之文學與美術，實者是佛學者之入門大鑰。

《印度佛教略史》，呂澂著。

文言體之書，言簡意賅的說明印度佛教史，本文取書中顯、密教之定義。

如上等之著作及其他佛教界論述，筆者用以說明佛教顯、密教義，並引證善意念之於人心乃是宗教存留之最大要素。其他論文著作或期刊：

《中古時期的藥師信仰》，碩論，傅楠梓著。

此作甚為精闢、詳細，對藥師佛之相關議題資料之收集堪稱網羅殆盡，且內容也盡為詳細。如《藥師經》版本之分析，東、西方及其他淨土的說明藥師信仰傳入中國與本土結合的演變，十二藥叉與民間十二地支、十二生肖概念的結合，民間對藥師信仰的活動如造像、抄經、祈願等，討論藥師信仰的救渡功能，歸結出藥師信仰在信眾心中所呈現的滿足現世利益及救災度亡的面貌。筆者對此論中一行法師匯整十二藥叉與民間十二地支、十二生肖概念的結合，認為是一行東學中國文化雜染後所行形成之論，經中所書十二月建神稱與《古今圖書集成》中有些許誤差，於論中指出。

《當代藥師法門之實踐——以台灣及日本關西地區為例》，碩論，李元弘著。

說明藥師信仰的精神層面與現實物質層面的重要佛教信仰。分析文獻、經典、整理藥師法門之宗教儀式。說明藥師法門如何被實踐，藥師法門如何從精神信仰走進現實生活並實現藥師佛精神。又走訪日本關西地區之佛寺與宗教活動，就台、日二地藥師信仰團體之認知與分析。

《佛教非營利事業管理思想初探——以藥師佛十二大願為例》，碩論，巫秋蘭著。

闡述人類為了生存無不努力工作，以滿足基本生存條件之需要，進而尋求改善、提升生活品質。人類爭取財富，可以滿足自己的需求，可促進國家經濟繁榮、社會富足安定。佛教東方藥師琉璃淨土提供理想之社會建設藍圖，藥師佛之十二大願豐富了個人物資生活，也顯示高成層次精神生活。筆者對其所所述十二大願，相對於馬斯洛之人類五大需求層次之分類，具些許不同

意見，以表列式分類於論中章節。

《佛教東方淨土之研究》，碩論，謝賜元著。

此論對「東方」、「藥師佛」、「十方淨土」、「八大菩薩」、「十二神將」、「十二大願」等見於經典中所有類似藥師信仰，及同一屬性之名稱其間的內容差異處做綜合、比較、歸納之整理差異皆詳細分析、比對、歸納、表列，對各佛經典之本生、本願、佛土特色、往生方式，在中國信仰興衰，學者對淨土之看法作完整整理，讓研修者能一目了然知悉。筆者於此論並無多取捨。

《全球性非營利慈善團體發展策略之個案探討——以慈濟基金會為例》，碩論，賴柏毓著。

敘述佛慈濟團體，秉著佛教「無緣大慈，同體大悲」精神，在證嚴法師創立之慈濟志業以 NGO 之組織動員模式，在臺灣開展以「四大志業、八大法印」，即：慈善、醫療、教育、人文、國際賑災、骨髓捐贈、環保及社區志工等，八大志業環環相扣、相輔相成。以全球化為訴求。2003 成立「台灣佛教慈濟基金會」之名，正式成為聯合國非政府組織（NGO），以至今日其組織之架構、成長、成就及對該基金會之發展策略建議及展望。筆者拮取其對 NGO 組織之整理。

《佛教青年之宗教獻身與消費文化——以台灣慈濟、佛光山為例》，碩論，彭嘉麗著。

此論試圖從慈濟及佛光山此二佛教組織來探討佛教基本概念「布施」的不同論述。慈濟宗教團體強調布施助人、濟貧扶弱、醫病救苦，所以提倡生活節約樸實，節源開流來捐獻助人。佛光山宗教團體則注重僧伽教育，並進行相關社會救助，但認為布施以法施為最重點。慈濟宗教團體以「生產性消費」、以「組織外節儉」轉為「組織內消費」用以深化信仰方式之一；而佛光山宗教團體並無明顯拒斥世俗消費。是作者所作之田野調查分析。

《當代臺灣新興宗教的「社會實踐觀」——以社會苦難與社會責任為例》，莊政憲，輔仁宗教研究，期刊，2011 秋。

主述：一、當代臺灣新興宗教領袖對「社會苦難」議題的倫理與責任的實踐。二、解析當代臺灣新興宗教領袖的「社會實踐觀」。本文引其中苦難之成因，說明天災、人禍的關聯。

以上等著作，皆具獨道見解與介紹，眾中多說明，佛教之義理在塵世，因有心人的實現人類互助的道德觀，讓具有諸多苦難的世間人們因為互助的

精神，趨向經典中所說之極樂淨土。

第三節　研究範圍、資料與方法

　　本論以研究範圍以釋迦牟尼所說《藥師琉璃光如來本願功德經》中藥師琉璃光如來本行菩薩道時，其由心中所發十二大願爲主題意識。首先由敘述佛教之興起源由，其中就佛教真實教義皆本於人性之需求。印度爲佛教之始源地，及至佛法東傳至中國，與中國經典之形成，實際上與原始佛教在民族意識與語文法上，有時空轉變及文化融合上的差異。

　　佛教外來之姿逐漸成爲中國主要信仰之一，因爲經文的傳譯，使主尊信仰產生多岐之勢，如彌陀信仰、觀音信仰、地藏信仰等。藥師佛相關經典與藥師精神、藥師法門能普傳於世，誠賴歷代諸多梵行者之傳承藥師佛法心要，以文字記錄或實際救濟行動，讓藥師佛的濟世精神如《藥師琉璃光如來本願功德經》中十二大願在人世間實際上的呈現。從說明《藥師經》之根源、經文之釋義、簡介藥師法門之修法儀式，佛教之醫學觀，說明佛教精神，藥師法門如何以「法藥」除去諸「病」所產生之因及方法，並介紹《藥師經》之佛教精神呈現之所影響之宗教與非宗教之 NGO 團體。

　　至於研究資料，則以經典爲主：

　　《大藏經》中《藥師琉璃光如來本願功德經》爲論文主述內容，尤以經文中之十二大願之講解、剖析爲主論，其他兼採相佐之佛義經典。

　　《藥師七佛經》、《觀藥王藥上二菩薩經》、《藥師經疏》、《藥師琉璃光如來消災除難念誦儀軌》等，與藥師佛爲中心體系之經典，說明《藥師琉璃光如來本願功德經》與上述經典之多處關聯性說明。學者或有說是脫胎於《藥師七佛經》、《觀藥王藥上二菩薩經》此二經。《藥師經疏》內容則將《藥師琉璃光如來本願功德經》說明更爲詳細。

　　《法句經》是中國早期所翻譯之佛教經典，以偈文的方式寫出，其中述說爲後世佛經論書中常引用諸多佛義之偈言，是諸經所述之佛教要義皆於此經中述及，唯不似後譯經書之出現佛教專有名詞於其中。

　　《佛說醫喻經》說明佛法與醫學間，身、心病起之所因與佛法以何種方式可治癒身、心之疾病。

　　《維摩詰所說經‧文殊師利問疾品》、《佛說罪福報應經》此二經，說明

福、禍業力與身、心疾病之所由來，皆生於身、口、意之所造作。

　　《如意寶珠轉輪秘密現身成佛金輪咒王經》、智者著《摩訶止觀》、世親著《成唯識論》等三經或論，用以闡述人心無異於佛心，只要能啓發心中之菩提心識，並身體力行，實與菩提無異。

　　《大智度論》。龍樹菩薩造，後秦鳩羅摩什譯。此論講解佛教理則甚爲詳細，經論中分90品，本論採述論證頗多。

　　《藥師琉璃光如來消災除難念誦儀軌》則屬於藥師法行儀軌之一，主要爲說明密教部列中行儀法之異於顯教行儀法之形式。

　　研究資料除上述之經典用爲說明佛教之中心思想外，用以註釋《藥師經》中的思想內涵，其他前人研究之成果也是參考資料之列。

　　本論於論末列出《大藏經》中珍貴之古畫作藥師佛尊像、日光菩薩、月光菩薩、八大菩薩及十二藥又大將之尊像，及近代藏地常見之藥師曼陀羅、藥師淨土、藥師及日光菩薩、月光菩薩像等唐卡，一窺古、今、藏式、日式諸方對藥師佛藝術方面之表現方式。

　　本論之主要研究方法就是經典分析、收集從經典中尋找藥師信仰的起源，進一步研究藥師經典流通本的傳譯，試圖解剖《藥師琉璃光如來本願功德經》中所欲訴說之原意與藥師佛之十二大願，其所本之救世人善念，與所欲成就他人的善業的思想，正如佛教諸宗派所言之修行法則無異。就經文中所言與現代生活可能相關之心理與生理上的醫護情狀，再詮釋說明十二大願內容，進而分析經典中關於如何修持與實踐藥師法門的方法，並探討行持藥師法門的功德、利益與實現、分析行者修持藥師法門的目的。就宗教觀念說明《藥師經》中，介紹可以讓現代人也能保持身體健康的幾種宗教醫學面向，不唯是以《藥師經》說明佛教精神面的善德提升，也希望能滿足現代人身、心、靈面向的需求。

第二章　藥師經釋義

　　此章中討論《藥師經》的始源、稽譯史，詳解藥師佛之十二大願功德性，尚定義《藥師經》之「護法眾」乃是指一切奉行藥師佛精神者。

第一節　《藥師經》的始源

　　欲知道藥師佛功德性，當由《藥師琉璃光如來本願功德經》一文中一窺其全文始能明瞭其中奧妙所在，亦應當知道經文的原始形成，實則得來不易，首先由早期經典的翻譯史說明，及至現今所常使用的版本，其中與藥師佛相關的經典有幾許。

一、《藥師經》之稽譯史

　　對藥師經同本異譯之的問題，《藥師經》的同本異譯有四譯或五譯的流說，今略說明五譯之說：在《藥師經義疏》中所言有五譯。

　　（一）東晉帛尸梨蜜多羅譯。在六朝之初，東晉之時，有西域三藏名帛尸梨蜜多羅者，此是指吉友——善友之義——初翻此經，名為《佛說灌頂拔除過罪生死得度經》但無獨立版本，乃附著於《佛說灌頂大神咒經》中。此經古有十二卷，今在清藏合訂第六卷（中），是屬於最後一卷。此帛尸梨蜜多羅三藏，為中國密宗經典初翻譯之人，普通謂密典。至唐善無畏、金剛智、不空時開始有（翻譯密經者），但其實在唐以前已有人翻譯密經，如《大灌頂神咒經》、《大孔雀王經》等，均屬密部。又謂唐（之）前為雜密，言其未成

系統，但此爲唐人言論；其實，東晉吉友等翻譯《大灌頂》等經，亦爲中國密教典籍之叢書；而此師（吉友）爲中國唐（以）前之極重（要之）密宗者，亦見其所從來之西域，其實密教部已極流行。故翻譯時，將此《藥師經》，亦攝入《大灌頂神咒經》之最後（一）品。〔註1〕

帛尸梨密多羅所翻譯之《灌頂經》第十二卷，一名稱爲《佛說灌頂拔除過罪生死得度經》與《藥師琉璃光經》同版本。據實觀之《藥師經義疏》所謂有九卷《灌頂經》。即：

1、《灌頂二千神王護比丘咒經》。

2、《灌頂十二神王護比丘咒經》。

3、《灌頂三規五戒帶配護身咒經》。

4、《灌頂白結神王護咒經》。

5、《灌頂宮宅神王護左右咒經》。

6、《灌頂塚幕因緣四方神咒經》。

7、《灌頂伏魔封印大神咒經》。

8、《灌頂摩尼羅壇大神咒經》。

9、《灌頂召龍王攝疫毒神咒經》。

而十二卷《灌頂經》是加上，十、《佛說灌頂梵天神策經》；十一、《佛說灌頂隨願往生十方淨土經》；十二、《佛說灌頂拔除過罪生死得度經》。等三卷，但是《佛說灌頂隨願往生十方淨土經》一卷是後漢靈帝光和年中（178～183 A.D.）支懺所翻譯。而《佛說灌頂梵天神策經》有人以爲是僞經。《灌頂經》後三卷疑是帛尸梨密多羅之後人所附加。第十二卷《灌頂經》是《開元錄》所記載因此判斷開元時代前所集成。〔註2〕觀此《灌頂經》，亦猶如《大寶積經》之糅集多經而成，在此帛尸梨密多羅所譯附於《大灌頂經》觀之，故被視爲是密宗之經典。

（二）宋・慧簡譯。此在東晉後，南北朝之劉宋武帝時代，有慧簡法師在鹿野寺再翻譯此經，名爲《藥師琉璃光經》，今藏經中已佚失此本經典。但古大藏目錄中，尚記載其名。又在達磨、笈多第三譯之序文上，亦敘述其事，

〔註1〕釋太虛著：《藥師經講記》（臺北：文殊出版社，1987年10月，初版），頁23～25。

〔註2〕太虛大師等述：《殊勝的藥師如來法門》（臺北：佛陀教育基金會，2008年3月），頁45～46。

故相信有此翻譯本存在過。

（三）隋・達磨、笈多譯。在六朝之末，隋文帝大業十一年時，達磨、笈多復翻譯此經。達磨譯法，笈多譯行，即法行三藏所譯。法行爲主譯者，尚有其他多人爲助理翻譯，故其經上表（文帝）爲法行等譯，名《佛說藥師如來本願經》。序因慧簡之翻譯，於梵文、華文未善備，故作第三翻譯云。

（四）唐・玄奘譯。今本題「唐三藏法師玄奘奉詔譯」，即此第四翻譯本。玄奘三藏於唐太宗貞觀初年間，因有感於經典義理殘脫，發願入印度求法，所謂策杖西遊，周歷諸國，居印度十七年之久，遍學大小乘教典，至貞觀二十年後，重返中原，從事譯經工作。在中國譯經史上，翻譯最多，也最正確。今此《藥師琉璃光如來本願功德經》即其所翻譯。「玄奘」乃其名，「三藏法師」乃所稱之德號；因其能通徹經、律、論三藏之法，依此爲師，且能將三藏法廣爲宣揚，爲人天之師，故名「三藏法師」。其譯經歷唐太宗、唐高宗兩朝。「奉詔譯者」，即奉太宗或高宗之詔，建立譯場。其翻譯時，有度語（譒譯）者、筆受（謄寫）者、證義（印證要義）者，潤文（潤飾文句，使文句中土化）者多人，而以唐三藏爲主，故標以斯名耳。

（五）唐・義淨譯。自唐太宗後，經過唐高宗，至武則天朝，約在三藏法師後二、三十年間，有義淨法師者，尋踵法顯之芳躅，慕玄奘之高風，遍遊印度，歸中土而復翻譯此經，名曰《藥師琉璃光七佛本願經功德經》。然玄奘既譯此經，義淨何須再譯？其所以重譯者，藥師佛雖與玄奘所譯相同，然其餘六佛，則爲奘譯本中所無，故須重譯。〔註3〕

至於《藥師經》一文之疑僞考，傅楠梓先生在其論文《中古時期的藥師信仰》中，對《藥師經》疑僞考辯作詳細的佐證言：《藥師經》自古即有疑僞之說，而梵本《藥師琉璃光經》（Bhaiṣajyaguru-vaiḍūryaprabhārāja-suũtra）於1913 年，在喀什米爾北方的印度吉爾吉特附近的舊塔中發現後，學界對藥師經典的來源又作不同反應。梵本《藥師經》被發現後，學界有視此經應非僞作，或視其爲經本土改造後之經典。Raoul Birnbaum 推論藥師經產生於印度西北或中亞，因 Nalinaksha Dutt 將梵本之斷片合成一完整本，極接近玄奘譯本，其所採用之言語形式流傳於印度極西北方言，而寂天（650～750A.D.）《大乘集菩薩學論》中引用之《藥師經》經文與玄奘譯一致，可見七世紀時此經於

〔註3〕釋太虛著：《藥師經講記》（臺北：文殊出版社，1987 年 10 月，初版），頁 23
～25。

印度亦是流傳。〔註4〕

傅楠梓先生於其論文末作四點總結：

（一）藥師經典之疑偽問題仍有未釐清之處，但知道慧簡是譯者之一，且可能是最早之譯者。

（二）《藥師經》的梵本存在，且非僅一本，梵本可能出自印度西北或中亞，但因一再漢譯，可知其始即非漢文經典，可見教界對此經的重視。

（三）《藥師經》與《灌頂經》的關係密切，可能將其視為密教經典，或因性質有相同處，而被收錄在一起。

（四）《藥師經》之別名眾多，因經錄過程複雜，包括《灌頂經》、《藥師如來本願經》、《灌頂藥師琉璃光佛本願功德經》、《藥師琉璃光經》、《灌頂藥師經》、《藥師如來本願功德經》、《藥師琉璃光如來本願功德經》、《藥師琉璃光如來七佛本願功德經》，又另有《藥師如來本願分別緣起經》可能亦為相同之經譯。若以在經中所述之別名，則經名之複雜是其他經典所無的。〔註5〕

筆者認為現行《大藏經》中，將《佛說藥師如來本願經》隋·達摩笈多所譯、《藥師琉璃光如來本願功德經》唐·玄奘譯、《藥師琉璃光如來七佛本願功德經》唐·義淨譯，三種版本同列在第十四卷經集部一中。而今日佛教界以《藥師琉璃光如來本願功德經》為修持顯教或密教者通用之課誦本。卻將藥師佛相關之修持儀軌如《藥師琉璃光如來消災除難念誦儀軌》、《藥師如來觀行儀軌法》、《藥師如來念誦儀軌》、《藥師琉璃光七佛本願功德經念誦儀軌》等約略相關之行法，列於第十九卷密教部，可想知其原始之經典始自印度之婆羅門，具經咒、真言或陀羅尼之梵文，輾轉由經譯者見《藥師經》之殊勝功德，翻譯成漢文字，令一般人得以能稱念藥師佛功德，或簡誦《藥師經》中之陀羅尼文亦能得藥師佛之法益，而行大乘所說精進波羅蜜，進而積聚功德資糧，或能以此自行日服「法藥」，用以消除諸苦惡業，誠用心良苦。

二、《藥師琉璃光如來本願功德經》十二大願的之功德性

「藥師」者，有別於現今稱名職業身分之明名，乃梵音 Bhaisajya-guru 玄奘音譯為「鞞殺社咕嚕」之義譯，亦可稱為大醫王佛，是為拔除眾生之諸苦

〔註4〕傅楠梓：《中古時期的藥師信仰》，（玄奘大學，碩士論文，2001年1月），頁23。

〔註5〕傅楠梓：《中古時期的藥師信仰》，（玄奘大學，碩士論文，2001年1月），頁28。

難，以無上佛法療眾生諸病苦，故以「藥師」為喻。「藥」乃世間治病內服之物品，如中藥、西藥等等。但以佛法而言，不僅人於身體得病時方吃藥物，凡世間眾生無時不在無明惑業、病苦之中翻騰、流轉，身、心或多或少充盈諸病。

釋印順在《藥師經講記》中云：

> 眾生有病，便須治之以藥。世間的醫藥以及政治法律等，都可以說是藥；但在佛法中，藥就是「佛法」——法藥。唯有佛法方能療治一切疾病。〔註6〕

> ……「藥師」本可為一切的通稱，佛都能善治眾生病的。佛體察眾生的種種病情，能設施種種法藥——八萬四千法門，即是八萬四千法藥。〔註7〕

> 「琉璃光」，也是東方佛的名字。此中所說的「琉璃」不是琉璃燈、琉璃瓦等琉璃物質，而是梵語「薜琉璃」的略譯，是一種佛教界用以比喻的寶物。顏色如萬里無雲的碧空，又如澄清深湛的海水；體質堅固，如金剛石，為極稀有的珍寶。這是以琉璃寶的光輝、明淨而比喻佛德，所以東方藥師佛又以琉璃光為名。此琉璃寶，或有被譯作遠山寶。此寶山光輝映入空際，呈現透徹青色，故有琉璃意，逐譯為遠山寶。而佛陀出印度，取印度當時的見解，解說為由於琉璃寶光的反射。〔註8〕

此處所言「琉璃光」，亦是從比類來讚歎藥師琉璃光佛的德性。

「如來」一辭係梵語曰多怛阿伽陀 Tathāgata 譯言如來，佛十號之一，又如諸佛而來，故名「如來」，此釋通於二身。

《成實論》一曰：「如來者，乘如實道來成正覺，故曰如來。」〔註9〕

《轉法輪經優婆提舍論》曰：「如實而來故名如來。……涅槃明如，知解名來，正解涅槃故名如來。」〔註10〕

〔註6〕釋印順：《藥師經講記》（北京：中華書局，2010年06月，初版一刷），頁5。

〔註7〕釋印順：《藥師經講記》（北京：中華書局，2010年06月，初版一刷），頁7。

〔註8〕釋印順：《藥師經講記》（北京：中華書局，2010年06月，初版一刷），頁8。

〔註9〕訶梨跋摩造，鳩摩羅什譯：《成實論》，卷1〈4十號品〉，（CBETA, T32, no. 1646, p. 242, a25～26）。

〔註10〕天親造，元魏·毘目智譯：《轉法輪經憂波提舍》卷1（CBETA, T26, no. 1533, p. 357, a29～b6）。

《大智度論》二十四曰：「如實道來，故名爲如來。」〔註11〕

《勝鬘寶窟》上末曰：「體如來而來，故名如來，又如諸佛來，故名如來。問體如來而來，故名如來，此是應身，何有來義？眞如法身，云何有來？答：如本隱今顯，亦得稱來。」〔註12〕

《大日經疏》一曰：「如諸佛乘，如實道來成正覺，今佛亦是如來，故名如來」。〔註13〕

「本願功德」。「願」是願望、欲想，「本願」即是菩薩因地〔註14〕所發的宏願。諸佛子修學佛法，便要以發願爲先，「願」可說是成佛的根本。諸菩薩在因地所發誓願，有通願與別願之分，如願成佛道，願度眾生，及「眾生無邊誓願度」等四弘誓願〔註15〕，是名爲「通願」，此是每一位菩薩都有如此的願。但如阿彌陀佛在因地中發四十八願，藥師佛在因地所發的十二大願，各自發願便是「別願」。

釋印順指出「功德」不只是在寺院裏做些佛事。「功」是功力，如行佈施、持戒、忍辱、禮佛、坐禪等，都要有一番功力；「德」即是得，修行而得成績，做一分得一分，名爲「功德」。依本願去實踐，所成就的功德，稱爲「本願功德」。〔註16〕

「經」〔註17〕，梵語修多羅，本義爲貫串攝持的線，今引申爲「經」，乃

〔註11〕龍樹造，後秦‧鳩摩羅什譯：《大智度論》卷24〈1序品〉，（CBETA, T25, no. 1509, p. 236, a26）。

〔註12〕隋‧釋吉藏撰：《勝鬘寶窟》卷1，（CBETA, T37, no. 1744, p. 14, b5～8）。

〔註13〕一行記：《大毘盧遮那成佛經疏》卷1，〈1入眞言門住心品〉，（CBETA, T39, no. 1796, p. 584, c16～18）。

〔註14〕因地。位於佛道之位也，（相）對於成佛之位爲果地或果上之而名。《圓覺經》曰；「說於如來本起清淨因地法行」。大唐罽賓三藏佛陀多羅譯：《大方廣圓覺修多羅了義經》卷1（CBETA,T17, no. 842, p. 913, b9～10）；《楞嚴經》五曰：「我本因地，以念佛心入無生忍」。又因於地也。唐‧般剌蜜譯：《大佛頂如來密因修證了義諸菩薩萬行首楞嚴經》卷5，（CBETA, T19, no. 945, p. 128, b3～4）。

〔註15〕宋‧遵式述：《注肇論疏》卷5，「僧那是梵語。此云四弘誓願。即煩惱願斷。法門願學。佛道願成。眾生願度。前三是智。後一是悲。悲智願三即菩提體。始結四心。雙行二行。自行已滿。利他無窮。故大悲終心。長時赴難。填度生願故也。此則願行也。」（CBETA, X54, no. 870, p. 201, a14～18 // Z 2：1, p. 160, a12～16 // R96, p. 319, a12～16）。

〔註16〕釋印順著：《藥師經講記》（北京，中華書局，2010年6月，初版一刷），頁12。

〔註17〕經。梵語修多羅 Sūtra 之譯音，又曰契經，或曰經本。一、三藏之一，對於律、

中國古代以線穿木簡之竹簡經文義。又世尊在世時，隨機說法，現今集成一段一章，一部部的經典，是佛滅度後，弟子們經數次的集結編集而成的。佛說的法門是究竟的眞理與德行，可作爲後世行者永久的依循與學習，所以「經」又含有恆常不易的法則與意義。

　　此說明「如來」乃是以成正覺之佛，是故俱佛等位之功德，而其成就依於其未竟地時所立之發心，直至於成就圓滿「阿耨多羅三藐三菩提」時，亦不廢忘。已如是故，分說藥師佛之十二大願與其功德。

（一）釋十二大願分

　　《藥師琉璃光如來本願功德經》中云藥師佛於「本行菩薩道時，發十二大願，令諸有情，所求皆得」：

> 第一大願，願我來世，得阿耨多羅三藐三菩提時，自身光明，熾然照曜，無量無數無邊世界，以三十二大丈夫相，八十隨形好，莊嚴其身，令一切有情，如我無異。〔註18〕

　　藥師佛第一大願爲「生佛平等願」〔註19〕。「願我來世得阿耨多羅三藐三菩提時」，此處藥師佛自稱「我」，是因時自稱。「阿耨多羅三藐三菩提」乃梵語 anuttarasamyaksambodhih 之音譯，自古以來出現多種譯語，如：「無上正等覺」、「無上等正覺」、「無上正遍知」、「無上正遍道」，而玄奘以後，譯經師們依順古不翻之原則，而取其音譯爲「阿耨三菩提」、「阿耨菩提」，即佛之悟已達一切究竟圓滿之境界之謂，亦即佛之殊勝無上智慧之名。無論現在、過去、未來的三世諸佛，在因地中莫不依般若勝妙門修行而證得「阿耨多羅三藐三菩提」之圓滿佛果。〔註20〕此「無上正遍知覺」，究竟爲何物？裴休解釋說：「是諸佛所證最上妙道，是眾生所迷最上妙源。」〔註21〕

論而言，是佛所說之教法也。「修多羅有五義，出自廣文：一者出生，出生諸義故。二者勇眾，義味無盡故。三者顯示，顯示諸義故。四者繩墨，分辯邪正故。五者結鬘，貫穿諸法故」。《法句經疏》卷1，（CBETA, T85, no. 2902, p. 1436, a4）。

〔註18〕唐・玄奘譯：《藥師琉璃光如來本願功德經》卷1，（CBETA, T14, no. 450, p. 405, a7～8）。

〔註19〕釋印順著：《藥師經講記》（北京：中華書局，2010年6月，初版一刷），頁34。

〔註20〕〔日〕武邑尚邦著，馮振隆譯：《佛教思想辭典》（高雄：明修醒世協會，2011年8月，初版），頁388～389。

〔註21〕唐・裴休述：《勸發菩提心文》卷1，（CBETA, X58, no. 1010, p. 486, a17～18 //

　　此第一大願要意為：藥師佛承諾若於來世，證得佛果位「阿耨多羅三藐三菩提」——無上正等正覺——時。「自身光明，熾然照耀，無量無數無邊世界」藥師如來祈許證果位時，身具無量光明之身光，光芒耀眼照射，無所遮蓋的照耀無數無量世界，此世界包括一切六道眾生與天界。「以三十二大丈夫相，八十隨形，莊嚴其身」因而藥師佛的色身具佛的三十二種大丈夫的相貌，八十種端正相。三十二種大丈夫相是印度公認的大人物相，特別是男子的殊勝相貌。於此，略舉數種說明：如佛足底的平滿相、千輻輪相、佛身的紫金色相、垂手過膝相、頂髻相等。這些，依當時印度相法，是最高貴、莊嚴的福德相。經典中諸佛、菩薩都具有此端正之相貌，以示身相莊嚴。「令一切有情，如我無異」藥師如來並願一切有情眾生，也都與「我」（藥師如來）具有同等的端正相。

　　「有情」一語就《大毘盧遮那成佛經疏》中定義為：

> 所謂普令一切眾生入佛知見。故名大士也。此有情者。梵正音索哆。
> 是著義。猶世間人。深著身心不能暫離也。今菩提索哆亦爾。著此
> 大菩提行。乃至無有一念休息放捨之心。故索哆也。又名薩埵是有
> 情義。以於有情之中能修無上道。能荷負一切諸餘眾生。即是眾生
> 中之無上故。名大有情也。眾生隨所執著義。今能自出復令他出。
> 故名大有情也。〔註22〕

　　此言之意，即同時在一切有情眾生因修習藥師如來智慧法門之後，亦如藥師佛同樣具三十二種大丈夫之相，八十種端正相貌，同樣證得藥師佛的圓滿功德。

> 第二大願，願我來世，得菩提時。身如琉璃，內外明徹，淨無瑕穢
> 光明廣大，功德巍巍，身善安住，焰網莊嚴，過於日月，幽冥眾生，
> 悉蒙開曉，隨意所趣作諸事業。〔註23〕

　　藥師佛第二大願為「開曉事業願」。言藥師佛誓願於來世證得無上正等正覺時，「身如琉璃」是指其報身之體性，如藥師佛之青琉璃色樣之沉穩樣。《愣

Z 2：8, p. 350, b14～15 // R103, p. 699, b14～15）
〔註22〕一行記：《大毘盧遮那成佛經疏》卷17，〈15 次持明禁戒品〉，（CBETA, T39, no. 1796, p. 752, a26～b5）。
〔註23〕唐・玄奘譯：《藥師琉璃光如來本願功德經》卷1，（CBETA, T14, no. 450, p. 405, a11～14）。

嚴經》云：「如見如來體，勝妙殊絕，形體映徹，猶如琉璃，此相非是欲愛所生」。以證清淨之體作為渡化眾生之用。體性清淨外無有瑕疵或垢穢之報身相，內則以智光照真法界。藥師佛以巨大高遠貌的功德，居於東方淨土。「燄網莊嚴，過於日月」是藥師佛的光明廣大無邊，如寶絲網遍照一切處；日月雖亦光明，但卻不能照覆盆之內，然而藥師佛之光卻無有漏失。「幽冥眾生，悉蒙開曉」，藥師佛之光明能讓即使在地獄般無光的幽冥之地，也都獲得如曉日般的照耀。「隨意所趣，作諸事業」在諸眾生或獲得藥師佛光的照耀後，也能得著如佛的智慧，隨自己的意願作所欲為的事業。在此所說的「諸事業」汎指世間的各種正當行業，而非指信仰藥師佛之後，便得著佛光的庇護，可以為非做歹，行違法之事業。須知世界文化的進步，包括各種工藝巧技，都可具有與如佛、菩薩的慈悲與方便智慧之中，而發揮善巧、方便之自性，發明或創造一切能用以助人的事業、事物，卻不含括「非正業」的事業。

　　第三大願，願我來世，得菩提時。以無量無邊智慧方便，令諸有情，
　　皆得無盡，所受用物，莫令眾生有所乏少。〔註24〕

　　藥師佛第三大願是「無盡資生願」。藥師佛第三大願言其於來世能成就菩提時，「以無量無邊智慧方便」，創造眾生所需要的東西，並使之無有匱乏。《藥師經旁解》云：甚深曰「無量」，即言其不可計數之量，是豎徹真如。廣大曰「無邊」，是恆窮法界，言其無有窮盡界的範圍。〔註25〕藥師佛希冀遍法界眾生所求，皆得圓滿。所謂「受用物」指世間四事〔註26〕七寶〔註27〕，包括出

〔註24〕唐・玄奘譯：《藥師琉璃光如來本願功德經》卷1，（CBETA, T14, no. 450, p. 405, a15～17）。

〔註25〕清・適理撰，民・何子培解：《藥師經旁解》（臺北：新文豐出版，1978年4月，初版），頁14。

〔註26〕四事。西晉・竺法護譯：《修行道地經》卷5〈23數息品〉：「何謂四事？一謂數息，二謂相隨，三謂止觀，四謂還淨。」（CBETA, T15, no. 606, p. 216, a7～8）。
　　西晉・竺法護譯：《文殊師利佛土嚴淨經》卷1：「於時如來告舍利弗：「菩薩有四事法具足所願。何謂為四？一曰、志性仁和。二曰、愍哀眾生。三曰、精進不懈。四曰、一心常安，習善親友。是為四法，具足所願。」（CBETA, T11, no. 318, p. 893, b24～27）。

〔註27〕七寶。西晉・法炬譯：《恒水經》卷1，「何謂七寶？一者白銀，二者黃金，三者珊瑚，四者白珠，五者車璩，六者明月珠，七者摩尼珠，是為海中七寶。今佛道中亦有七寶」（CBETA, T01, no. 33, p. 817, b9～12）。

世三乘二果之物與非物。以此願眾生所求皆能滿足其願，不會受制於量的缺乏或所須次數的缺乏。人類生存在世界上，為了維持生命，必須有足夠的資生物——食、衣、住、行等所需物質，乃至醫藥。這一切物質生活的受用物應給予足夠，少了就會引生世間的諸般罪惡，譬如盜竊、劫殺、鬥爭等罪惡的滋長，多因資生物的缺乏。是故藥師如來的悲願，前一願不但要使眾生獲得謀生的智慧和做事的能力；此一願則讓大家過著富足、豐裕、安樂的生活。絕不令眾生對於基本生活物質的供應上「有所乏少」，發生彼有我無的不均現象。〔註28〕此亦是宗教團體救濟事業的宗旨之一。

> 第四大願，願我來世，得菩提時。若諸有情，行邪道者，悉令安住
> 菩提道中。若行聲聞獨覺乘者，皆以大乘而安立之。

藥師佛第四大願是「安立大道願」。係藥師如來言其成就菩提道時，「若」有不信善惡因果，不信三寶功德，違背真理，作殺盜邪淫，如「三毒」〔註29〕之貪、嗔、癡等不善事，心存地獄、惡鬼、畜生等「諸有情」，自誤正途而「行邪道者」。所謂「邪道」泛稱由身、口、意所產生的非正當行為，即是行邪道。《藥師經》中列舉諸多「邪道」行為：

> 若諸有情，雖於如來受諸學處，而破屍羅；有雖不破尸羅，而破軌
> 則；有於尸羅軌則雖得不壞，然毀正見；有雖不毀正見，然棄多聞。
> 於佛所說契經深義不能解了，有雖多聞而增上慢，覆蔽心故。自是
> 非他嫌謗正法，為魔伴黨。如是愚人自行邪見，復令無量俱胝有情
> 墮大險坑。〔註30〕
> 若諸有情慳貪嫉妒、自讚毀他。〔註31〕
> 若諸有情好喜乖離，更相鬥訟，惱亂自他，以身語意造作增長種種
> 惡業，輾轉常為不饒益事，互相謀害，告召山林、樹塚等神。殺諸
> 眾生，取其血肉祭祀藥叉、羅剎婆等。書怨人名，作其形像，以惡

〔註28〕釋印順著：《藥師經講記》（北京：中華書局，2010.6，一版一刷），38頁。

〔註29〕三毒。唐·玄奘譯：《大般若波羅蜜多經（第401卷～第600卷）》卷490〈3
善現品〉：「若菩薩摩訶薩都不見有貪、嗔、癡事，故應遠離如是三毒」（CBETA,
T07, no. 220, p. 493, c25～27）。

〔註30〕唐·玄奘譯：《藥師琉璃光如來本願功德經》卷1，（CBETA, T14, no. 450, p. 405,
c25～p. 406, a3）。

〔註31〕唐·玄奘譯：《藥師琉璃光如來本願功德經》卷1，（CBETA, T14, no. 450, p. 406,
a13～14）。

呪術而呪詛之。厭媚蠱道呪起屍鬼，令斷彼命及壞其身。〔註32〕

以上是藥師如來所說「邪道」行為，其後尚有救脫菩薩言數種「邪道」行為如：

> 若諸有情，得病雖清輕，然無醫藥及看病者，設復遇醫授以非藥，
> 實不應死而便橫死。又信世間邪魔外道妖魔之師，妄說禍福，便生
> 恐動，心不自正，卜問覓禍，殺種種眾生，解奏神明，呼諸魍魎，
> 請乞福佑，欲冀延年。〔註33〕……

此是藥師經所舉之「邪道」行為。若諸有情雖有行邪道者，依藥師如來之願力，能「悉令安住菩提道中」。此處以「命令性」的語氣強制他們捨離邪道，用以擺脫惡趣，是因為行邪道者多具「夜叉」的忿怒性與不順從性，故有以「佛法」不可思意之力，令不善者速脫去惡性，而歸順於藥師如來的慈悲圓滿境界，並且也與藥師如來一樣永遠安住於「菩提道」中。「菩提道」即是正覺道，知所以善惡、因果等，知所以有凡、聖，知三寶之功德、四聖諦、十二因緣，修習戒、定、慧等三學，不作殺、盜、淫、妄等戒律罪，這是共三道的法門。宗教團體不疑餘力的宣說宗教信仰，或以小乘道入門，但終末皆欲以大乘道教義成就其自性，是宗教活動的宗旨。

> 第五大願，願我來世，得菩提時。若有無量無邊〔註34〕有情，於我
> 法中，修行梵行，一切皆令得不缺戒，具三聚戒，設有毀犯，聞我
> 名已，還得清淨，不墮惡趣。〔註35〕

藥師佛第五大願是「戒行清淨願」。前四願為藥師如來的自證修行功德，以此利益安樂眾生，與樂於眾生；於此及以下諸願，乃藥師如來見眾生身心多有缺陷、痛苦，需要援助、救濟，而有此大願的產生，是藥師如來願拔眾生之苦。藥師如來對苦難慈悲的憐愍，予以大悲救渡，並予消災免難，將由第五大願起，逐一示現於經文中。

此大願中藥師如來願於來世成就菩提道時，若有眾生志心「修行」藥師

〔註32〕唐・玄奘譯：《本願藥師經古跡》卷1，（CBETA, T38, no. 1770, p. 259, c9～14）。

〔註33〕唐・玄奘譯：《藥師琉璃光如來本願功德經》卷1，（CBETA, T14, no. 450, p. 408, a4～9）。

〔註34〕無量無邊。失作譯者：《別譯雜阿含經》卷10：「佛告犢子：「是故此義甚深廣大，無量無邊，非算數所及。」」（CBETA, T02, no. 100, p. 443, c21～22）。此指六道中無可量數之諸眾生而言。

〔註35〕唐・玄奘譯：《藥師琉璃光如來本願功德經》卷1，（CBETA, T14, no. 450, p. 405, a21～24）。

法門行菩薩道。如禮修習作行，淮南子詮言訓中言：「君子修行而使善無名，佈施而使仁無章。」具修正其行為使正及修習義理使成就之方法要意。「梵行」有三義：

1、於平凡義，指一切清淨行，「梵」有清淨之意。

2、於特殊意言，指沙門之不淫戒。

3、於中義而言，凡所有佛所制定之戒行，皆稱之為「梵行」。〔註36〕

　　藥師的淨土法門修習，即能得到「三聚戒」〔註37〕的圓滿不缺，進而能名行圓滿。「不缺戒」即是能圓滿受持，而且都能具足大乘菩薩的三聚戒。又假使眾生有意或無意的抵毀或觸犯戒律，但由聽聞了「藥師如來」此名號，還可得到清淨，而不會因犯了律儀而墮入惡趣。「惡趣」，即地獄〔註38〕、餓鬼、畜生等三惡道，既稱之為惡趣。佛教中惡趣之說，可知是一般凡人所厭惡之地，著重在令為惡的眾生起阻嚇的作用，欲使其能棄惡從善，從而共造一個祥和的人間。

　　於此藥師如來誓願，只要眾生稱名佛號，眾生因聞佛的聖號而如法懺悔，改過遷善或便永不復再作，由此得免墮三惡趣之苦，這是藥師如來的慈悲與方便，也是為了眾生而設的方等大乘懺悔法。然而此願要特別強調的是，並非一聽聞佛號就等於懺悔，是必須誠心一意地懺悔並皈依大乘，一心持誦佛號。對過往錯失至誠發露懺悔、禮拜並作供養，時時攝心於佛號佛德上。久

〔註36〕釋印順著：《藥師經講記》（北京：中華書局，2010.6，一版一刷），頁41。

〔註37〕「三聚戒」。「若攝律儀。攝善法。攝眾生。此三聚戒名。出方等地持不道三藏。大士律儀通止三業。今從身口相顯皆名律儀也。攝善者。於律儀上起大菩提心。能止一切不修善事勤修諸善。滿菩提願也。攝生者。菩薩利益眾生有十一事。皆是益物廣利眾生也。戒品廣列菩薩一切戒竟。總結九種戒皆為三戒所攝。律儀皆令心住。攝善自成佛法。攝生成就眾生。此三攝大士諸戒盡也」。隋·天台智者大師說門人灌頂記：《菩薩戒義疏》卷1，（CBETA, T40, no. 1811, p. 563, b26～c6）。大乘菩薩唯懷利益眾生為前提，但若為自利而不利他，即是犯戒。

〔註38〕地獄。（界名）梵語曰那落迦 Naraka 泥犁 Niraya 等。「何謂地獄。經言三千大千世界鐵圍兩山黑闇之間。謂之地獄。鐵城縱廣一千六百萬里。城中八萬四千高下以鐵為地。上以鐵為網。火燒此城表裏洞赤。上火徹下下火徹上。其名則有眾合黑闇刀輪劍林。鐵機刺林。鐵網鐵窟。鐵丸尖石。炭坑燒林。虎狼叫喚。鑊湯爐炭。刀山劍樹。火磨火城。銅柱鐵床。火車火輪。飲銅吐火。大熱大寒。拔舌釘身。犁耕斧斫。刀兵屠裂。灰河沸屎。寒冰淤泥。愚癡啼哭。聾盲瘖瘂。鐵鉤鐵嘴。復有大小泥犁阿鼻地獄」。梁·諸大法師集撰：《慈悲道場懺法》卷4：（CBETA, T45, no. 1909, p. 939, a23～b5）。

而久之，內心感受佛的光明，恢復本來的清淨自性與德行，罪業才可得輕除，並於未來世成就阿耨多羅三藐三菩提。

> 第六大願，願我來世，得菩提時。若諸有情，其身下劣，諸根不具，
> 醜陋頑愚、盲聾瘖瘂、攣躄背僂、白癩癲狂，種種病苦，聞我名已，
> 一切皆得端正黠慧，諸根完具，無諸疾苦。〔註39〕

藥師佛第六大願是「諸根具足願」。藥師如來發願於成就大菩提時，令諸有情眾生，若其與生因業所引起的身體表相有所不足之狀：如身小（下劣）、或相貌、意念不端正（醜陋頑愚）、或五官有缺陷（眼盲、耳聾、聲嘶、啞語）、或身軀不全（手瘸、足躄、脊背彎曲）、或皮膚異常（白癩），或經神異常（狂躁、憂鬱）等等，非一般常人之病狀，只要聽聞「藥師如來」名號，因為誠意向善，便能得到徹底的救治，或者好轉。此是經典所言；然而於現實世間，有些先天缺陷可以經由醫學矯正得以正常；另一要義是經由此世的志心修持，在未來世當得「端正黠慧，諸根完具，無諸疾苦」之身。

> 第七大願，願我來世，得菩提時。若諸有情，眾病逼切、無救無
> 歸、無醫無藥、無親無家、貧窮多苦，我之名號，一經其耳，眾
> 病悉除，身心安樂，家屬資具，悉皆豐足，乃至證得無上菩提。
>
> 〔註40〕

藥師佛第七大願是「身心康樂願」。藥師佛願成就菩提時，消除諸有情因身之病苦，加諸資生物資俱缺乏、無親友協助，引起中心悽愴受苦；雖有佛家言，此是由於因緣不足，前世少種福德之因，於今世所以得貧窮孤苦。如此身心受苦，只要得聞「藥師如來」名號，便能除去前苦，甚或證得無上菩提。此是佛力加披，佛法大威神力故，願聽聞者於通曉義理之後，能努力奮發向上，在自助、天助之下，必能達身心康樂願。

> 第八大願，願我來世，得菩提時。若有女人，為女百惡之所逼惱，
> 極生厭離，願捨女身，聞我名已，一切皆得轉女成男，具丈夫相，
> 乃至證得無上菩提。〔註41〕

〔註39〕唐·玄奘譯：《藥師琉璃光如來本願功德經》卷1，（CBETA, T14, no. 450, p. 405,
　　　　a25～28）。
〔註40〕唐·玄奘譯：《藥師琉璃光如來本願功德經》卷1，（CBETA, T14, no. 450, p. 405,
　　　　a29）。
〔註41〕唐·玄奘譯：《藥師琉璃光如來本願功德經》卷1，（CBETA, T14, no. 450, p. 405,
　　　　b5）。

　　藥師佛第八大願是「轉女成男願」。此文可從印度古習男尊女卑的現象解釋，昔來女性位卑苦事多，所以言「爲女百惡之所逼惱」。釋印順法師在《藥師經講記》中提及，女性「百惡」分生理與心理二方面：

　　1、生理上之苦患，如女之月信、生產大難、育兒苦難，此都是常爲女所苦惱之生理病症。

　　2、是心理病患，如嫉妒心、虛榮心，一般均較男子爲重。

　　3、在社會上受歧視。女性在社會上的處境，無論是家庭或社團，從古至今，均未能與男性同等地位。

　　關於轉女成男，經中記載有二類：

　　1、善根極深，厭離心切，加以精進修行，現生可轉女成男。

　　2、依大乘法門的開導，如法修行，或稱念聖號，或禮拜供養，來生定可得轉。〔註42〕

　　因此若不想後世亦爲女身所惱，可一心稱念，恭敬供養藥師如來，一切皆得「轉女成男」，具足「大丈夫相」。

　　筆者對「女之百苦」一詞另有三解：

　　1、女之生理月信苦惱是一種「天賜」。女之爲女，男之爲男，是上天給予之先天職別。就因爲女有生理上先天所給與的「天職」——要有月信、能生育、負養育之責，才會有理想下一代的誕生，也才能讓下一代得到好的成長照顧，並以身教作爲典範，讓下一代有以爲行爲規則之教導。沙門之說離愛憎是斷有執而言，但對一般世緣而言是不能或缺的基本陰陽體性。

　　2、因男、女的生理、心理本即具先天差異，惟嫉妒心、虛榮心等，其實生而爲人，男、女皆具有此種心理情緒，只是輕重因人而異。然而這些不當的心理情緒可以經過學習而改善，此嫉妒、虛榮等心理現象，可因其內本具的性向或因外界的教導或學習方式而改變、減輕或去除此世人常具有的「八風」之一。

　　3、社會上對男、女之歧見延傳千年，大部份的狀態是如一般所見的；但這是就男、女方的外「表現」程度區別而言，如果在於同一平臺上，女性表現實際上與男性無異。而或去除先天造物主的差別天職對實體的影響而言，要改變男女之差別，在既定的觀念上要稱男女平等，尚有其長遠的成長空間。

〔註42〕釋印順著：《藥師經講記》（北京：中華書局，2010 年 6 月，初版一刷），頁 45～46。

　　《藥師經》此願是立於條件句上而言，「如果有」一女對其此生身、心狀態極其生厭，而生離棄之想，只要一心稱念「藥師如來」，便會如其所願於「未來世」得轉女為男；或者於其稱念佛號後，日後能因一己之努力成就，得到「如男」的尊重或待遇。現時世風疢變，經過現代變性手術後男可成女、女可成男，外相改變或僅在一夕之間，於此人造的改變，於佛法而言畢竟非真實的現相。

　　　　第九大願，願我來世，得菩提時。令諸有情，出魔胃網，解脫一切，
　　　　外道纏縛，若墮種種惡見稠林，皆當引攝，置於正見，漸令修習，
　　　　諸菩薩行，速證無上正等菩提。〔註43〕

　　藥師佛第九大願是「回邪歸正願」。眾生因無明、惑業置己身於外道，思惟偏離正見卻不能自知，常自困擾不能自拔於惡見愁林，徒增自己的煩惱，並且自置於危厄或輪迴之中。「無明」即愚昧無知、不明事理，尤指不明緣生故生、緣滅故滅、無常無我的佛教哲理，亦不明我法二空的真理就是無明，無明也是生死、煩惱的總根源。眾生的愚昧無知而引生了各種惡業。而「業」的產生因於自己之無明「惑」，「惑」即是迷惑、迷妄、迷昧，不明真理而生煩惱。佛家稱「五見」者，乃是指「五種惡見」：即遠見、邊見、邪見、見取見、及戒禁取見。以上五種惡見全屬「見惑」所含攝，於成道時應予全數斷除。其他尚有「思惑」（又稱事惑、修惑）指心識面對外境所產生的貪、瞋、癡、慢、疑等。「思惑」性質鈍昧，根深難拔，只有深切體認佛理，通徹世理，誠心修持。也才能斷除自身邪見、迷惑，並且行持正道而無有悔疑。

　　　　第十大願，願我來世，得菩提時。若諸有情，王法所加，縛錄鞭撻，
　　　　繫閉牢獄，或當刑戮，及餘無量災難陵辱，悲愁煎逼，身心受苦，
　　　　若聞我名，以我福德威神力故，皆得解脫一切憂苦。〔註44〕

　　藥師佛第十大願是「從縛得脫願」。佛陀言，藥師如來在因地中，發大悲願，或有眾生當被斷手、足、耳、目等，甚或當受戮殺以及其他種種的災難加諸於身，心中產生悲悵、憂愁，身與心倍受煎熬苦痛。只要受苦之眾生，若有聽聞「藥師如來」名號，以藥師如來之圓滿福德威神力，便得解脫一切

〔註43〕唐·玄奘譯：《藥師琉璃光如來本願功德經》卷1，（CBETA, T14, no. 450, p. 405, b9）。

〔註44〕唐·玄奘譯：《藥師琉璃光如來本願功德經》卷1，（CBETA, T14, no. 450, p. 405, b13）。

憂苦。

此藥師如來第十願的真義，筆者對此一願作如下幾點解釋：

1、因被冤屈而受刑戮的眾生，在審罪期間的身心煎熬、受苦，因為在過去時曾聽聞「藥師如來」名號，在未定罪時憶起藥師佛功德，生起恭敬心或至心持誦受持，便能因藥師佛的威德神力加披，使其沉冤得以雪清，而解脫心中憂苦，於得除罪後有新生活的開始。

2、若有真違犯國法者，當然不能逃脫刑責；然而，若罪有應得，已受刑罰者，於其心中能確實誠懇懺悔前所作錯事。若有機緣能聞「藥師如來」名號，更於佛前生清淨心、慚愧心，至誠懺悔，立愿痛改前非，並稱誦藥師如來名號，而獲藥師佛的威德神力加披，得以因罪之輕、重而受罰者或可以減輕、或得以赦除；得輕罪輕懲；得重罪自當不能免其懲罰；而或刑罪當戮，臨終前其人自知得罪之應受懲刑，仍不忘稱唸「藥師如來」名號，於臨終之後必不墮於三惡道中。

> 第十一大願，願我來世，得菩提時。若諸有情，飢渴所惱，為求食故，造諸惡業，得聞我名，專念受持，我當先以上妙飲食，飽足其身，後以法味，畢竟安樂而建立之。〔註45〕

藥師佛第十一大願是「得妙飲食願」。藥師如來第十一大願，願眾生皆得飲食受用，不虞潰乏，再以「藥師法味」賜予有情眾生，讓得著「法味」的眾生皆能因此具有如法界的「畢竟安樂」。飲、食是人生最基本的資生物質，倘不能得著足夠的基本食糧，必心生懊惱，進而因為要得到飲食上基本的滿足，不顧因果關係而產生、造作種種惡業。此是藥師如來發其大願，讓眾生皆能得飲食，進而教導以人生正道、或知識技能，從事職業，使其生活改善。再進一步，使其能有機會聽聞佛法，在佛法豐富的寶藏中，產生般若智慧而悟得「法味」甘霖，進而得世間的無上「法樂」。

目前臺灣較具規模的非營利組織（NGO）救濟事業社福慈善團體，如中華民國紅十字會、中華民國展望會與屬於宗教團體性質的佛光山慈悲社會福利基金會、法鼓山佛教基金會、慈濟基金會等等，每每於在有天災、人禍的災難現場，第一工作便是發放各種方便用以食用的糧食，或以當地素材現場製作食物給予當地的難民食用。目的就是首先解決人生第一大問題——「食」

〔註45〕唐・玄奘譯：《藥師琉璃光如來本願功德經》卷1，（CBETA, T14, no. 450, p. 405, b18）。

物，有了食物能充饑，能避免因饑餓所產生的疾病，也才能產生任何繼續生存下去的方法與意志力。宗教團體對災難區的救護心，能稱得上是活菩薩心，也是藥師佛願力之一的「得妙飲食願」的實現。

> 第十二大願，願我來世，得菩提時。若諸有情，貧無衣服、蚊虻寒熱、晝夜逼惱，若聞我名，專念受持，如其所好，即得種種上妙衣服，亦得一切寶莊嚴具、華鬘塗香、鼓樂眾伎，隨心所翫，皆令滿足。〔註46〕

藥師佛第十二大願是「得妙衣具願」。藥師如來在因地時所發之願，願其將來成佛時，能使一切貧苦有情，皆得到種種美妙衣服、飾品，其衣不僅能使他免蚊虻叮咬、禦寒禦熱，並且其所著衣服讓他看起來更具成就感——以莊嚴其身。此外尚能得到娛樂心性的用品與技藝——鼓樂眾技，使因地未成就的眾生，能有如天界的福樂。上一願「得妙飲食願」是滿足眾生的基本生命需求，此一願「得寶莊嚴具」，是在人的基本生理條件滿足下，更能得到其他身外技藝與成就上的滿足。

以上所述藥師十二大願的願別稱名，印順大師、太虛大師、竺摩法師等稍有不同〔註47〕：

講述人\願別	印順大師 1954 年初版。1992 修訂一版	太虛大師 1934 年阿育王寺講述	竺摩法師 1969 年
第一大願	生佛平等願	正報莊嚴	願生佛平等
第二大願	開曉事業願	身光破暗	願開曉事業
第三大願	無盡資生願	智慧資生	願資生無盡
第四大願	安立大道願	導入大乘	願安立大乘
第五大願	戒行清淨願	得戒清淨	願戒行清淨
第六大願	諸根俱足願	得身健美	願諸根完美
第七大願	身心康樂願	安康樂道	願身心康樂
第八大願	轉女成男願	轉女成男	願轉女成男
第九大願	回邪歸正願	魔外歸正	願回邪歸正

〔註46〕 唐・玄奘譯：《藥師琉璃光如來本願功德經》卷 1，（CBETA, T14, no. 450, p. 405, b22）。

〔註47〕 巫秋蘭：《佛教非營利事業管理思想初探——以藥師佛十二大願為例》（嘉義，南華大學非營利事業管理研究所碩論，2007 年 6 月），頁 42。

講述人 願別	印順大師 1954 年初 版。1992 修訂一版	太虛大師 1934 年阿育王寺講述	竺摩法師 1969 年
第十大願	從縛得脫願	解脫憂苦	願刑福解脫
第十一大願	得妙飲食願	得妙飲食	願得妙飲食
第十二大願	得妙衣具願	得妙衣服	願得妙衣具

筆者認為藥師佛之十二大願，完全能滿足在是間的凡人於是間的身、心上的基本所需。若以馬斯洛的需求層次理論由生理需求、安全需求、社會需求、自尊的需求、自我實現的需求等五層次作歸類。將藥師佛之十二大願分類，從基本的人類生理需求的滿足後，再依次往上提高層次直至自我實現的需求。藥師佛所發十二大願不僅要修行者於「己立」之後，也能「立人」，照顧其他需要被照顧的人們一生中的基本需求。藥師佛精神不僅關照生理需求，也關照了人們精神上的需求，此是藥師如來精神傳於後世的無價宏願，讓後世同樣具有四無量心的修行者有一個可以遵循的實例。其分別為：

1、生理需求。包括第十一大願「得妙飲食願」及第十二大願「得妙衣具願」。因為飲食、衣物或音樂、娛樂是生理上的需求。人們會因口渴而想飲水解渴，水也是人類不可或缺的物質；人類因饑餓而想吃食物裹飢；因受外界氣溫變化，身體受寒而想要衣物取暖；因精神暗淡默然無趣，若能得音樂之調理而精神振作；四肢能因舞蹈或運動而勇健。於各項生理能因受惠而安定、滿足以後，又能感恩於藥師精神的恩照，以相同的精神施惠他人，因此，是故第十二大願應屬生理需求與成願。

2、安全需求應包括。第三大願「無盡資生願」、第五大願「戒行清淨願」、第六大願「諸根具足願」及第十大願「從縛得脫願」。第三大願「無盡資生願」以外，應加入其所列於社會需求的第六大願「諸根具足願」。即第三、五、六、十大願屬安全需求。就生理學而言，五官本來即已各具功能，讓人們能清楚所處之環境，「盲、聾、瘖、瘂」者，因不能清處自身之處境，容易引起個人安全上的疑慮。「醜陋頑愚、攣躄背僂」雖屬生理上的缺陷，尚不影響個人安全上安危。至於「白癩癲狂」，「白癩」屬皮膚病尚不足構成傳染，但「癲、狂」屬精神症狀等，有較大的機率危及社會公共安全，故第六大願「諸根具足願」列屬安全需求。

3、社會需求方面。應包括：第七大願「身心康樂願」、第九大願「回邪歸正願」。藥師如來以其功德力，以祈願力除去眾生「無親無家、貧窮多苦」

之苦，賜與眾生基礎的社會基本需求，讓無家歸屬者讓他能有一個棲身之處。而第九大願「回邪歸正願」，帶有社會教育的責任與期許精神，這些都是社會工作者極力想達成的事項，也是國家社會福利的政策。「解脫一切，外道纏縛」、「漸令修習，諸菩薩行」，在身心安頓的狀況下，讓人們皆能得到他基本的基礎教育，教育有用以教導人民「善的知識」，並且能運用所學爲自己建立理想生活的主旨，也可以運用善的知識造福其他人，這也是行菩薩行的延伸。

4、自尊的需求。包括第一大願「生佛平等願」、第二大願「開曉事業願」。此二願令眾生得以具有「以三十二大丈夫相，八十隨形好」、「身善安住，燄網莊嚴」，人們因具有福慧能有端正的容顏，與佛身相同無二的莊嚴相貌，並能以其所成就之事業，以利他之心利益他人，令他人能見之而心起尊敬，如此以德行莊嚴自身，而非以高價物質衣物作爲裝飾外貌，所謂相由心生，才算是眞正「燄網莊嚴」。

（五）、自我實現的需求，有第四大願「安立大道願」、第八大願「轉女成男願」，說明世間法在人們具有「家屬資具」、己身已「功德巍巍」時，能將自己的潛力充分發揮，實現自我目標與理想。是處於高層次社會需求的自我期許層次。此願常發生於自身有感於安定、滿足，並且具有慈悲喜捨之心，雖自身未全然居於人間轉輪聖王位時，亦能於自性生起的利他之宏願。然而藥師如來以在因地尙未成就時即發此願，願眾生於世間法皆完備時，也能具足出世間法的超越。

以簡表重新整理歸納馬斯洛的需求層次與《藥師經》十二大願的分類：
〔註48〕

馬斯洛的需求層次	《藥師經》之十二大願
（一）生理需求	第十一大願「得妙飮食願」、第十二大願「得妙衣具願」
（二）安全需求	第三大願「無盡資生願」、第五大願「戒行清淨願」、第六大願「諸根具足願」、第十大願「從縛得脫願」。
（三）社會需求	第七大願「身心康樂願」、第九大願「回邪歸正願」。

〔註48〕巫秋蘭將《藥師經》中的十二大願，與馬斯洛的需求層次比對，分類爲：（一）生理需求有第十一大願。（二）安全需求有第三大願、第五大願、第十大願。（三）社會需求有第六大願、第七大願、第十二大願。（四）自尊的需求有第一大願、第二大願、第九大願。（五）自我實現的需求有第四大願、第八大願。巫秋蘭：《佛教非營利事業管理思想初探──以藥師佛十二大願爲例》（南華大學非營利事業管理研究所碩論，2007年6月）。

馬斯洛的需求層次	《藥師經》之十二大願
（四）自尊的需求	第一大願「生佛平等願」、第二大願「開曉事業願」。
（五）自我實現的需求	第四大願「安立大道願」、第八大願「轉女成男願」。

筆者製表

　　如上亦表所列，《藥師經》中之十二大願，與馬斯洛需求層次整合之相關性，與巫秋蘭在《佛教非營利事業管理思想初探——以藥師佛十二大願為例》一文中所述，略有差別，茲將區別分述如下：

　　1、將巫秋蘭文中所列，生理需求僅有第十一大願，筆者將其所列在社會需求中的第十二大願「得妙衣具願」，改列為生理需求，是因為食、衣、住、行等，是人一生之最基本的生理需要，應列屬於生理需求面向。

　　2、將巫秋蘭列在社會需求之第六大願「諸根具足願」，改列為安全的需求。因為人們的五官，眼、耳、鼻、舌、手、足等，皆是接收外來訊息的器官，能明確的接收到外來的訊息，才能做出正確與安全的判斷，或是因應危險的狀況，做出安全的自救行動。如眼盲者在視覺上的障礙，足以形成行走上的不安全；手部的肢體障礙，不能因應飲食或穿著衣服上的順利動作；足部肢體的障礙，可能造成行走與逃離災難上的困難等等。

　　3、在社會的需求中，除了第七大願「身心康樂願」外，將吳秋蘭列在自尊需求中的第九大願「回邪歸正願」，改列為社會的需求滿足。是因為社會的安和現象，需要共處在該區域的人們有共同的正念、正信而互相砥礪。就個人而言，能盡一己之力，造福人群；就社會而言，相互達成共識與社會善、美的建設。若是各自存留私見、私利，如經文所說的「惡見稠林」，必定引起人與人之間的紛爭與後續產生的惡果，這並非進步社會中所樂見的現象。

　　4、在自尊的需求中，仍以第一大願「生佛平等願」、第二大願「開曉事業願」為主，以成就人們在人性上尊嚴的需求為主。而馬斯洛五大需求中自我實現的需求以第四大願「安立大道願」、第八大願「轉女成男願」為主，其中的要義仍是以成就大乘道、證得無上菩提為自我實現的最終需求。

　　以上十二大願是《藥師經》中釋迦佛告訴文殊師利菩薩，藥師佛在因地欲修持佛法所發的十二大願，也因十二大願力之殊勝性與弘廣性，所以能成就「藥師佛」的果位。若以凡夫視藥師佛之十二大願，看似是每一誓願皆無法達成。然而，就是如此廣大、無量行的「大願」，才能成就「佛」的果位。若此與「地藏菩薩」之成道語「地獄不空誓不為佛」的弘誓，有異曲同功的

殊勝行願誓。

（二）十二大願的功德

「功德」，「功」者，福利之功能，此功能爲善行之德，故曰「功德」。又德者得也，修功有所得，是故稱爲「功德」。《大乘義章》九曰：「言功德，功謂功能，善有資潤福利之功，故名爲功，此功是其善行家德，名爲功德」。〔註49〕《勝鬘經》寶窟上本曰：「惡盡曰功；善滿曰德，又德者得也，修功所得，故名功德也。」〔註50〕

《佛說信佛功德經》中云功德的最勝義，功德並非指能得到世間的崇高的名聲或大財利而言：

> 「復次，我佛世尊有最勝法，謂佛世尊以調伏法，了知諸補特伽羅心所樂法，隨應爲說。是補特伽羅，既了知已，如理修行，斷三煩惱，不久證於須陀洹果，逆生死流，七往天上，七來人間，盡苦邊際，如是世尊皆悉了知。又復世尊！知彼補特伽羅意樂之法，如理修行，斷三煩惱，及斷貪瞋癡，不久證於斯陀含果，一來人間，盡苦邊際，如是世尊悉皆了知。又復世尊！善知補特伽羅意樂之法，如理修行，斷五煩惱及隨煩惱，不久證於阿那含果，如是世尊悉皆了知。又復世尊！善知補特伽羅，如理修行，非久漏盡，證解脫法，我生已盡梵行已立，所作已辦，不受後有。如是等法，世尊一一皆悉了知，是即名爲佛最勝法。」〔註51〕

佛所言說的言論記載稱之爲「經」，佛弟子所訴說的，則稱之爲「論」，這樣的區分是對「佛說」的尊重，並以佛所說之經義作爲行爲的標準，而後世修行者不管是出家沙門或是在家修行者，也都遵奉經書中諸佛所說「善」願發心、以發揮「善」行作爲利人濟世的準則。《藥師經》云：

> 阿難白言：「大德世尊，我於如來所說契經，不生疑惑，所以者何？一切如來身、語、意業無不清淨。世尊，此日月輪，可令墮落，妙高山王，可使傾動，諸佛所言，無有異也。世尊，有諸眾生，信根不具，聞說諸佛甚深行處，作是思惟，云何但念藥師琉璃光如來一佛名號，便得爾所功德勝利，由此不信，返生誹謗，彼於長夜，失

〔註49〕隋・慧遠撰：《大乘義章》卷9，（CBETA, T44, no. 1851, p. 649, c8～10）。
〔註50〕隋・吉藏撰：《勝鬘寶窟》卷1，（CBETA, T37, no. 1744, p. 11, b6～7）。
〔註51〕宋・法賢譯：《信佛功德經》卷1，（CBETA, T01, no. 18, p. 257, b7～21）。

大利樂，墮諸惡趣，流轉無窮。」〔註52〕

此段以釋迦牟尼佛與阿難的對話，強調如來功德不能盡以言說可得，如來所言皆是「如實」而言。接著釋迦佛更說明稱名「藥師琉璃光如來」的方便行願功德。《藥師琉璃光如來本願功德經》中言：

> 佛告阿難：「是諸有情，若聞世尊藥師琉璃光如來名號，至心受持，不生疑惑，墮惡趣者，無有是處。阿難，此是諸佛甚深所行，難可信解，汝今能受，當知皆是如來威力。阿難，一切聲聞緣覺，及未登地諸菩薩等，皆悉不能如實信解。唯除一生所繫菩薩。阿難，人身難得，於三寶中，信敬尊重，亦難可得，聞藥師琉璃光如來名號，復難於是。阿難彼藥師琉璃光如來，無量菩薩行，無量善巧方便，無量廣大願。我若一劫，若一劫餘，而廣說者，劫可速盡，彼佛行願善巧方便，無有盡也。」〔註53〕

諸佛以善巧智慧、方便善行的三寶修行者。於此經中如釋迦佛所言，若能志心持誦「藥師琉璃光如來」者，能離諸惡趣之苦，能速盡劫難，而得藥師琉璃光如來之功德，誠在於「諸佛甚深所行，難可信解」，以及「彼佛行願善巧方便，無有盡也」的甚深功德性。

《藥師經》的最重要處，是闡揚「藥師琉璃光如來佛」發十二大願，此緣曼殊師利勸請佛陀說法，是為欲利樂諸有情，所說之經典。

> 而時曼殊室利法王子，承佛威神，從座而起。偏袒一肩右膝著地，
> 合掌，白言：「世尊，惟願演說如是相類，諸佛名號及本大願，殊聖
> 功德，令諸聞者，業障銷除，為欲利樂像法轉時，諸有情故。」

由是說明佛教經典的緣起多是為利樂眾生而產生，或宣說如來清淨體性，而此《藥師經》說明其具入世精神，佛陀見眾生沉迷無明、愛欲，輾轉六道，不能體悟清淨自性，而趣於世間濁染，由是為大眾起說藥師淨土。

藥師佛的十二大願以「慈」、「悲」作為出發點，以歡「喜」心而作施「捨」的利他大願，不僅是佛教經典上的菩薩大願，也是從古至今的人本主張。人類生命的光輝因具有惻隱之心、互助的精神而更燦爛，這也是藥師佛十二大願的入世精神。

〔註52〕唐・玄奘譯：《藥師琉璃光如來本願功德經》卷1，（CBETA, T14, no. 450, p. 407, a19～27）。

〔註53〕唐・玄奘譯：《藥師琉璃光如來本願功德經》卷1，（CBETA, T14, no. 450, p. 407, a27～b9）。

三、《藥師經》之護法眾

「護法」，護持自己所得之善法也，又擁護佛之正法也。「護法，於所得善，自防護故」〔註 54〕。「發心願求無上菩提。名為護法」〔註 55〕。《無量壽經・上》「嚴護法城」〔註 56〕佛菩薩覺世濟人之道，無大力者護之則道將滅，故上自梵天、帝釋、八部鬼神，下至人世帝王及諸檀越，皆保護佛法之人稱之曰「護法」。此處「護法」指護持藥師法門之眾而言。

（一）日光菩薩、月光菩薩的護法

《藥師經》曰：

> 於其國中，有二菩薩摩訶薩，一名日光遍照，二名月光遍照，是無量無數菩薩之上首，次補佛處，悉能持彼世尊藥師琉璃如來，正法寶藏。

經中藥師佛左右常有二大菩薩隨侍，一是日光菩薩，二是月光菩薩（請參閱附錄圖像 5、6、8、9）。日光菩薩，主地藏光明遍明之德，為藥師如來之脇侍者，與月光菩薩相對。西藏唐卡畫像多為菩薩形，（身）膚肉色，左手為寶幢（印），右手為與願（印），坐於赤蓮（花上），為藥師脇侍者。（日光菩薩）掌中或蓮上持日輪。〔註 57〕

月光菩薩，藥師如來二脇侍之一。《藥師經》曰：「於其國中，有二菩薩摩訶薩，一名日光遍照，二名月光遍照，是無量無數菩薩之上首」。又釋尊在因位時，作大國王，施頭於婆羅門時之名，又曰「月光王」。〔註 58〕西藏唐卡畫像月光菩薩亦如日光菩薩形態，（身）膚肉色，但右手為寶幢（印），左手為與願（印），坐於赤蓮（花上），為藥師脇侍者。（月光菩薩）掌中或蓮上持

〔註 54〕清・性權記：《四教儀註彙補輔宏記》卷 6，（CBETA, X57, no. 980, p. 840, c17～18）。

〔註 55〕元魏・月婆首那譯：《僧伽吒經》卷 4，（CBETA, T13, no. 423, p. 975, c22）。

〔註 56〕曹魏・康僧鎧譯：《佛說無量壽經》卷 1，（CBETA, T12, no. 360, p. 266, a18～19）。

〔註 57〕失作譯者：《淨琉璃淨土摽》卷 1，「日光菩薩。通身赤紅色。左手掌安日。右手執蔓朱赤花貌。或開敷。或半開。或未開」（CBETA, T19, no. 929, p. 66, c19～21）。

〔註 58〕宋・法賢譯：《月光菩薩經》卷 1：「於過去世，北印度內，有一大城，名曰賢石，長十二由旬，廣闊亦爾。彼有國王，名為月光」（CBETA, T03, no. 166, p. 406, c12～14）。元魏・慧覺等譯：《賢愚經》卷 6，〈30 月光王頭施品〉，「如是阿難！欲知爾時月光王者，今我身是」（CBETA, T04, no. 202, p. 390, b3）。

月輪。

此二菩薩。在《藥師如來法彙》中云：日光菩薩，梵語 surya-prabha，漢譯有日光、日光遍照、日曜等名，是藥師佛的左脅侍，與右脅侍月光菩薩，同為東方淨琉璃國土中，併為藥師佛的兩大輔佐，也是該國中無量菩薩眾的上首菩薩。日光菩薩、月光菩薩與藥師佛的關係甚深。在久遠的過去世，電光如來行化世間，當時有一梵士養育二子，由於有感於世間的濁亂，乃發菩提心，誓願拯救病苦眾生。當時的電光如來對之甚為讚嘆，勸梵士改名號為醫王，二子則改名為日照、月照。此蒙受電光如來咐囑的梵士，成佛之後就是藥師如來。二位子嗣也就是日光菩薩、月光菩薩。〔註59〕

見《藥師經疏》引述藥師佛與日光遍照、月光遍照二大菩薩的由來，云：

> 過去世界有電光如來出世，說三乘法度眾生。爾時有一梵士養育有二子，見世界濁亂而發菩提心，要教化世界諸苦眾生。佛以其發願為欲利重病眾生，改其號為藥王。二子皆饒益幽冥眾生，長名日照，次名月照；爾時醫王，即東方藥師如來，二子即為二大菩薩——日光遍照菩薩與月光遍照二大菩薩。〔註60〕

《佛說藥王藥上二菩薩經》中言，星宿光長者與電光明二兄弟，因感於日藏比丘說大乘清淨平等大慧而發大心願，終於成就，稱名為藥王、藥上菩薩，經中載云：

> 爾時眾中有一比丘，名曰日藏，聰明多智，遊歷聚落村營城邑，僧房堂閣，阿練若處，及至論堂，為諸大眾廣讚大乘菩薩本緣，亦說如來無上清淨平等大慧。眾中有一星宿光長者，聞說大乘法，心生歡喜，即持雪山呵梨勒果及諸雜藥，至日藏白言：「大德，我聞仁者說甘露藥，……」復持此藥奉上比丘……。於日藏前發弘誓，而作是言：「……此願不虛佛如尊者所說佛慧，我得菩提清淨力時，雖未成佛，若有眾生聞我名者，願得除滅眾生三種病苦。……」。〔註61〕

> ……爾時星宿光長者，有弟名電光明，見兄長發菩提心，……電光長者白其兄言：「我今亦復隨從大兄，欲發甚深阿耨多羅三藐三菩提

〔註59〕歐子陵編：《藥師如來法彙》（臺北：迦陵出版社，1997.10），頁6。

〔註60〕太虛大師等述：《殊勝的藥師如來法門》（臺北：佛陀教育基金會，2008.3），頁42。

〔註61〕劉宋‧畺良耶舍譯：《佛說觀藥王藥上二菩薩經》卷1，（CBETA, T20, no. 1161, p. 665, a8～27）。

心。」〔註62〕……

星宿光長者被立名號為「藥王」，得知後而說自身大願力：

> 佛告阿難：「汝今當知，時大長者以訶梨勒雪山勝藥以施眾僧，眾僧
> 服已，得聞妙法，以藥力固，除二種病：一者四大增損，二者煩惱
> 瞋恚。因此藥故，時大眾皆發阿耨多羅三藐三菩提心。」……聞諸
> 大眾為立號時，禮敬大眾而作是言：「大德眾僧為我立號名曰藥王，
> 我今應當依名定實，若我所施，迴向佛道必得成就，願我兩手雨一
> 切藥，摩洗眾生除一切病。若有眾生聞我名者，禮拜我者，觀我身
> 相者，當令此等皆服甚深妙陀羅尼無閡法藥，當令此等現在身上，
> 除去諸惡無願不從，我成佛時願諸眾生具大乘行。」

電光名被立名號為「藥上」，而說其大願力：

> 知弟長者藥師人者。……爾時事人因行立名，名曰藥上。爾時藥上
> 菩薩聞諸世人，稱讚已得名曰藥上。因發誓願：「今此世間一切大
> 眾，為我立號名曰藥上，願我後世得成十種清淨力時，以上法藥普
> 施一切，願諸眾生聞我名者，煩惱盛火速得消滅。若有眾生禮拜我
> 者，稱我名者，觀我身相者，當令此等得服上妙不死解脫甘露上
> 藥」。〔註63〕

由此知藥王菩薩、藥上菩薩原為兄弟，供養日藏比丘，廣施醫藥於眾生，並發利益一切眾生之願而成佛。又因藥王菩薩之名號與功德的出現早於藥師佛，後世論及藥師佛之脅侍菩薩，日光菩薩、月光菩薩時便將之套疊等同而談，並就藥王、藥上二菩薩之兄弟關係，《觀藥王藥上經》增加一比丘日藏的角色，便成為藥師父子三尊。此說日藏即為藥師佛，二子中的星宿光是為日光菩薩，電光明是為月光菩薩。

世間的光明無過於日光和月光。此二種光明，同是清淨的，象徵希望和幸福。然而多少有些不同，大致而言，日光是溫暖的，富有熱力的，一切的一切，在日光朗照下，都能明顯地發露出來。這喻如智慧的光明，能給予世間以熱力，能透過蒙昧，灼照一切，通達世出世法的真相。月光它是清涼的，安寧的，幽

〔註62〕劉宋・畺良耶舍譯：《佛說觀藥王藥上二菩薩經》卷1，（CBETA, T20, no. 1161, p. 665, b19～24）。

〔註63〕劉宋・畺良耶舍譯：《佛說觀藥王藥上二菩薩經》卷1，（CBETA, T20, no. 1161, p. 666, a4～14）。

靜的，月光在黑暗中放出皎潔清輝，引導人們走上正路，避諸險難，具有大悲慈濟的意義。……光和熱，能夠激發我們奮發向上；而清涼與寧淨，足以陶冶我們的靈性，獲得自在與安定，這些都是人生所必須的。〔註64〕

　　日光菩薩、月光菩薩為彼佛國中眾菩薩之上首，位居等覺，次補佛處，言二菩薩亦承藥師佛之志，以藥師佛之大悲願濟度眾生。所謂「正法寶藏」，「正法」者乃是諸佛之心印，眾生之慧命，修行之途轍，實乃是具等覺之大士方悉能受持。又於正法住世時，如佛日麗天，燃智慧之炬，成為能摧邪見之劍，成為無量功德法財所聚之清境處，故曰寶藏。「正法藏」由有信、解、行、證之人，可得傳持流通，故藥師之教化，由二菩薩承傳，續之以行世，是日光菩薩、月光菩薩之功德性使然。

　　由經典上觀藥師佛、日光菩薩、月光菩薩的關係有幾項：

　　1、（佛）父子關係。如《藥師經疏》中所述：「有一梵士養育有二子」。

　　2、脅侍關係。如《佛說藥王藥上二菩薩經》所述。

　　3、次補佛處。如《藥師琉璃光如來本願經》中所述：「一名日光遍照，二名月光遍照，是彼無量無數菩薩之上首，次補佛處」〔註65〕。

　　4、輔助佛事。綜觀以上諸經典中所說二菩薩之功德性，如《藥師經疏》中所述：「唐本云：一名日光遍照、二名月光遍照。是彼國中尊勝上首，猶如□土慈氏妙吉祥等」〔註66〕。

　　諸佛淨土的圓滿境界，是不可思議，不可言說的。所以經典中常以菩薩的因德（因地功德），延伸表達如來的果德（果位成就）。如毗盧遮那佛，有以文殊、菩賢二菩薩，表彰其大智與大行。《藥師經》中則以日光遍照、月光遍照二大菩薩，表彰藥師佛的大智（日）與大悲（月），猶如日、月的光輝輪照大地，欲以藥師佛的功行光明遍照世間，普濟於一切眾生。

（二）十二神將之護法

　　《藥師琉璃光如來本願功德經》中釋迦牟尼說明眾生具有「九橫死」與「其餘無量諸橫難可具說」時，「爾時眾中十二藥叉大將〔註67〕，一一各有七

〔註64〕釋印順著：《藥師經講記》（北京：中華書局，2010年6月，初版一刷），頁9。
〔註65〕唐・玄奘譯：《藥師琉璃光如來本願功德經》卷1，（CBETA, T14, no. 450, p. 405, c6～8）。
〔註66〕失作譯者：《藥師經疏》卷1，（CBETA, T85, no. 2767, p. 311, c21～23）。
〔註67〕十二藥叉神將，《大正藏》圖像，第七卷中列藥師十二神將圖四式。一、是如中國之武將造型，各執不同兵器，若不特別介紹，實難以識別。二、各神將

千藥叉以爲眷屬」，同時舉聲誓歸依言：

> 世尊，我等今蒙佛威力，得聞世尊藥師琉璃光如來名號，不復更
> 有惡趣之怖。我等相率皆同一心，乃至盡形歸佛法僧，誓當荷負
> 一切有情，爲作義利饒益安樂，隨於何等村城國邑、空閑林中，
> 若有流布此經，或復受持藥師琉璃光如來名號，恭敬供養者，我
> 等眷屬護衛是人，皆使解脫一切苦難，諸有願求悉令滿足。或有
> 疾厄求度脫者，亦應讀誦此經，以五色縷結我名字，得如願已，
> 然後解結。〔註68〕

　　此是十二藥叉誓願作爲藥師佛之護法眾，並期許互相度脫眾生疾病、厄
難，以襄助藥師如來成就救渡眾生之功德。

　　《藥師琉璃光如來本願功德經》中所指十二藥叉大將即：

宮毘羅大將、伐折羅大將、

迷企羅大將、安底羅大將、

頞儞羅大將、珊底羅大將、

因陀羅大將、波夷羅大將、

摩虎羅大將、眞達羅大將、

招杜羅大將、毘羯羅大將。

　　又「十二藥叉大將」在他部經中又有異名，對照《藥師七佛供養儀軌如
意王經》〔註69〕。指：

極畏藥叉大將、金剛藥叉大將、

執嚴藥叉大將、執星藥叉大將、

執風藥叉大將、居處藥叉大將、

執力藥叉大將、執飲藥叉大將、

執言藥叉大將、執想藥叉大將、

執動藥叉大將、圓作藥叉大將。

頭上分別戴其所屬生肖之頭冠，如其所屬十二地支。三、各神將分別乘騎所
屬生肖之動物造形，如其所屬十二地支。四、各神將之頭分別爲所屬生肖之
動物造形，非人像之頭形。（請詳見本論附錄二，頁136～137，圖像11～14）。

〔註68〕唐・玄奘譯：《藥師琉璃光如來本願功德經》卷1，（CBETA, T14, no. 450, p. 408,
　　　　b3～13）。

〔註69〕大清冊封西天大善自在佛領天下釋教普智持金剛達賴喇嘛造：《大正藏》，第
　　　　十九卷，頁51。

　　有學者以十二藥叉大將與中國十二生肖（子～亥）地支神發生關聯，初唐（貞觀十六年（642A.D.）敦煌莫高窟 220 窟藥師經變壁畫中，即有頭戴生肖圖形的十二藥叉大將。《覺禪抄》錄有一行大師（683～727 A.D.）〈十二神將詮集〉，將十二藥叉大將與十二支神聯結，並認爲是十二菩薩的化身：

金毗羅者是微明〔註70〕　　即亥神　　彌勒菩薩

和者羅者是阿魁〔註71〕　　即戌神　　得大勢菩薩

彌佉羅者是從魁　　　　　　即酉神　　阿彌陀佛

安陀羅者是傳送　　　　　　即申神　　觀音菩薩

摩尼羅者是小吉　　　　　　即未神　　摩利支天菩薩

素藍羅者是勝先〔註72〕　　即午神　　虛空藏菩薩

因特羅者是太一〔註73〕　　即巳神　　地藏菩薩

婆耶羅者是天岡〔註74〕　　即辰神　　文殊菩薩

摩休羅者是大衡〔註75〕　　即卯神　　藥師如來

眞特羅者是功曹　　　　　　即寅神　　普賢菩薩

照頭羅者是大吉　　　　　　即丑神　　金剛手菩薩

毗伽羅者是神后　　　　　　即子神　　釋迦如來〔註76〕

　　又另有一文〈覺禪鈔第三‧藥師法〉，圖像指出十二藥叉神將之個別造型與手執之法器各異，分別爲：

〔註70〕〈別尊雜記‧藥師法〉，《大正藏》圖像冊，第三卷，頁 29。子神神后至亥神登明系十二月建名稱。與傅楠梓《中古時期的藥師信仰》（玄奘大學，碩論，2001.1），頁 90～91。一文中有差異，微明有謂登明。《古今圖書集成‧奇門遁甲》，（台北：集文書局，1990 年 2 月），頁 36。

〔註71〕〈別尊雜記‧藥師法〉，《大正藏》圖像冊，第三卷，頁 29。阿魁有謂河魁。《古今圖書集成‧奇門遁甲》，（台北：集文書局，1990 年 2 月），頁 36。

〔註72〕〈別尊雜記‧藥師法〉，《大正藏》圖像冊，第三卷，頁 29。勝先有謂勝光。《古今圖書集成‧奇門遁甲》，（台北：集文書局，1990 年 2 月），頁 36。

〔註73〕〈別尊雜記‧藥師法〉，《大正藏》圖像冊，第三卷，頁 29。太一有謂太乙。《古今圖書集成‧奇門遁甲》，（台北：集文書局，1990 年 2 月），頁 36。

〔註74〕〈別尊雜記‧藥師法〉，《大正藏》圖像冊，第三卷，頁 29。天岡有謂天罡。《古今圖書集成‧奇門遁甲》，（台北：集文書局，1990 年 2 月），頁 36。

〔註75〕〈別尊雜記‧藥師法〉，《大正藏》圖像冊，第三卷，頁 29。大衡有謂太衝。《古今圖書集成‧奇門遁甲》，（台北：集文書局，1990 年 2 月），頁 36。

〔註76〕〈別尊雜記‧藥師法〉，《大正藏》圖像冊，第三卷，頁 29。子神神后至亥神登明係十二月建名稱《古今圖書集成‧奇門遁甲》，（台北：集文書局，1990 年 2 月），頁 36。

東方寅位畫甲寅將軍	虎頭人身	右持棒
卯位丁卯從神	兔頭人身	左棒
辰位甲辰將軍	龍頭人身	持鐵鎚
巳位丁巳從神	蛇頭人身	持戟
午位甲午將軍	馬頭人身	持戟
未位丁未從神	羊頭人身	持槌
申位甲申將軍	猴頭人身	持刀
酉位丁酉從神	雞頭人身	持刀
戌位甲戌將軍	狗頭人身	持槌
亥位丁亥從神	諸頭人身	持鐵鉤
子位甲子將軍	鼠頭人身	持鉤
丑位丁丑從神	牛頭人身	持槌

　　此諸神等，皆著天衣瓔珞，坐盤石上。〔註77〕

　　此十二藥叉神將比附十二地支、月建神號與六甲六丁神將名稱，乃是佛教西來，中土素好擬神法而產生之稱號，於釋佛真教義實無多助，但對未登地眾生誠然起具安撫與受保護作用，乃持執著之心。要言之《藥師經》中說明十二藥叉神將，於釋迦牟尼佛說畢藥師佛之大願與功德後，皆相率同舉身發大誓願，各與其七千藥叉眷屬，誓護衛村城國邑各處，使流布《藥師經》復受持「藥師琉璃光如來」名號，供敬供養者，皆能解脫一切苦難、病厄，並悉滿足其正願願求。此是十二藥叉神將所發誓願，與今日以居士為多之諸宗教慈善團體，秉佛陀教義「四無量心」——慈、悲、喜、捨等無有差別。筆者認為經中所說十二藥叉神將各有「七千藥叉眷屬」的現代實義有三：

　　1、「七千藥叉眷屬」為各個一神藥叉將之眷屬，如現在一企業所具之諸多成員一般。十二藥叉神將所延生之藥叉眷屬形成一龐大、堅固，又具力量之網絡，足以涵蓋整個凡塵世間，用以護衛眾生，做為藥師佛的護法部類之一。

　　2、經文譯為「藥叉」，乃手執戰戡兵器類，與古代兵將必執戡類兵器以值行其勤務，有如佛教所言金剛護法部類，其相狀皆較具恫嚇形面貌，以威

―――――――――――――――――
〔註77〕失作譯者：〈覺禪鈔第三・藥師法〉，《大正藏》圖像冊，第四卷，頁32。

嚇擾妨礙修行者精進修持之諸魍魎、業障，令諸障礙遠離，以達成諸藥叉神將自身之誓願任務。

　　3、經中所說具體十二藥叉神將之解脫行儀：

　　　　我等眷屬護衛是人，皆使解脫一切苦難，諸有願求悉令滿足。或有
　　　　疾厄求度脫者，亦應讀誦此經，以五色縷結我名字，得如願已，然
　　　　後解結。〔註78〕

　　「五色縷」之製法在大藏經中並無明白記載，但有心者總望文生意，取紅、黃、藍、白、綠等五色布條，將其心中之祈願，即如經文所說分別書上十二藥叉神將之名，下方結一結，而後誠心持誦《藥師琉璃光如來本願功德經》七次，或每日無間，誦完四十九日（次）經文，待願望達成然後解開各結，以表示所求皆能如願完成並能除去其災難、危厄，一切皆得順遂之意。

（三）居士眾之護法

　　以十二藥叉神將及其各具之七千藥叉眷屬，僅略說明藥師佛之護法眾有無數無量。然而再現相界的藥師佛之護法眾，應該也包括能依於《藥師琉璃光如來本願功德經》中所說十二大願，有意願施行或受到經中藥師佛大願所感招也欲施行經中所言十二大願者，皆應俱是藥師佛之護法眾。

　　又《藥師經》文末所說：

　　　　時薄茄梵說是語已諸菩薩摩訶薩及大聲聞、國王、大臣、婆羅門、
　　　　居士、天龍、藥叉、揵達縛、阿素洛、揭路茶、緊捺落、莫呼落伽、
　　　　人、非人等。〔註79〕

　　其中所言者，具可為藥師佛之護法眾。其中「人」一辭泛指諸善男子、善女人，與諸「優婆塞」、「優婆夷」等。「優婆塞」、「優婆夷」係梵文，漢譯為居士，「居士」在梵文中有家長或「居家之士」之意，原指富翁或德高望重之有道者，後為佛教借用。《禮記・玉藻篇》「居士錦帶」一辭有隱士的意義。佛教傳入中國後，「居士」逐漸被用來作為在家佛教徒的通稱。居士佛教也稱為「白衣佛教」，是相對於「僧伽佛教」而言，指居士的佛教信仰、佛教思想和各類修行、護法活動及其影響。〔註80〕

〔註78〕唐・玄奘譯：《藥師琉璃光如來本願功德經》卷1，（CBETA, T14, no. 450, p. 408, b9～13）。
〔註79〕唐・玄奘譯：《藥師琉璃光如來本願功德經》卷1，（CBETA, T14, no. 450, p. 408, b21～24）。
〔註80〕謝路軍，潘飛著：《中國佛教文化》，（吉林：常春出版社，2011年1月），頁

《大乘莊嚴經論》第十三，〈行住品第二十三〉中云：

釋曰：「已說菩薩功德，次說菩薩五種相。偈曰：

內心有憐愍，愛語及勇健。

開手并釋義，此五菩薩相。」

釋曰：「菩薩有五種相，一憐愍、二愛語、三勇健、四開手、五釋義。
憐愍者，以菩薩新攝利眾生故。愛語者，令於佛法得正信故。勇健
者，難行苦行，不退屈故。開手者，以財攝故。釋義者，以法攝故。
此五種相應知，初一是心，後四式行。已說菩薩五種相，次說菩薩
在家出家分。偈曰：

菩薩一切時，恆居輪王位。

利益眾生作，在家分如此。」

釋曰：「菩薩在家，恆作輪王，化行十善，離於十惡，此是利益。」

〔註81〕

由此說明在家居士同樣應俱出家眾之菩薩心相，在家居士與出家眾之區
別有如下五項說明：

1、憐愍其他有難之人，以實際行動做布施或照顧需要被照顧的人。

2、以慈悲愛語關照、鼓勵他人，使得以獲得精神上的慰藉或使產生勇氣，
不致消沉或尋短見。

3、以勇健的精進心持衡為他人服務，不因外力的阻止而退縮。

4、因為是居士身分（優婆塞、優婆夷），得以布施自身之貲財，以六度
萬行之布施波羅蜜，作滿足眾生實質物資上的需求，使不虞基本生活上養生
的匱乏。

5、在家居士又能以佛法因緣，自身攝持佛義，遵循釋尊所說法義，持法
義又不拘於法義而行法義。此是在家居士眾的功德相，居士們於山門外作其
所屬之事業，亦能行十善業，而遠離十惡業，同樣亦是菩薩行。

我國的居士佛教大體表現以下幾點特色：

1、生活是根本、修行即生活。

2、人數眾多，組織多樣。

146～148。

〔註81〕無著造，唐・波羅蜜多羅譯：《大乘莊嚴經論》卷13，〈23 行住品〉（CBETA,
T31, no. 1604, p. 656, c18～p. 657, a3）。

3、背景多元、差異廣大。

4、護持三寶、服務社會。

居士和僧伽的關係歷來各代或有爭議，但可發現的，各個歷史時期居士活動的主流，還是基本凝聚在僧團尤其是高僧的周圍。兩者的關係不是根本對立，而是互為表裏、相互影響、共同發揮，乃至俱榮俱衰，這是中國佛教的一大特色。〔註82〕謝路軍，潘飛等在其所著《中國佛教文化》分析至為貼切。此所泛指所有修行大乘佛教之「居士」者，應皆是藥師入世法門之梵行者。

《藥師經》末了言：

> 時薄茄梵說是語已諸菩薩摩訶薩及大聲聞、國王、大臣、婆羅門、居士、天龍、藥叉、揵達縛、阿素洛、揭路荼、緊捺落、莫呼落伽、人、非人等。一切大眾、聞佛所說，皆大歡喜，信受奉行。

〔註83〕

「皆大歡喜，信受奉行」，乃指所有與會者的共同心相，如上述經文所說之與會者，除不可見的「諸菩薩摩訶薩、天龍、藥叉、揵達縛、阿素洛、揭路荼、緊捺落、莫呼落伽、非人等」以外，所謂「人」，就包括「國王、大臣、婆羅門、居士」等等、不論其身分、地位是高或低，皆可為藥師法門之護法者。

又文中又特指「居士」眾，足見釋迦佛亦重視為數龐大的居士眾。現今台灣宗教界又有居士眾成立若干宗教團體、慈善功德會、或定期做醫療義診，以施行如藥師佛所言十二大願之志業為喜樂之事業，歡喜奉行，志願付出。不論是對受到緊急災難的民眾或平常即需要民生物資的憂苦民眾而言，不僅在物資的給與，抑或精神上的支持，都盡其所能的圓滿受難者的需求，這也是佛教界居士眾對社會的關懷所付出的實際行動，值得讚許。

早期中原的佛教僧人或道教道士，即有以中醫為弱勢者作醫療義診的善行。而臺灣早在荷蘭人佔據時期，即有天主教宗教醫療醫院的設立。近幾年來臺灣宗教團體更發揮本土宗教信仰的力量，成立多所宗教團體的醫療體係

〔註82〕謝路軍，潘飛著：《中國佛教文化》，（吉林：常春出版社，2011年1月），頁148～154。

〔註83〕唐‧玄奘譯：《藥師琉璃光如來本願功德經》卷1，（CBETA, T14, no. 450, p. 408, b21～24）。

醫院，如慈濟醫院體系、行天宮醫院、基督教或天主教醫院等。在宗教界中尤其是佛教界，會更強調圓滿藥師佛的十二大願與十二藥叉的誓句，讓「或有疾厄求度脫者」皆能獲得解脫。宗教界的宗教醫院讓許多需要醫療系統照顧的眾生，在面對人生中的四大問題——生、老、病、死等人生大事中的「病」作實際入世的醫療善行，讓宗教醫院的「醫療」體係在宗教信仰體系中佔有不可或缺的重要位置，也發揮它的實質意義。其動機乃建立在「善的」意念基礎上，以實際行動能造就他人身、心的「自在、如意」，讓有即病者能得已解脫疾病之苦，即已達成藥師佛大乘佛法的大願。

第二節　《藥師經》中的醫療思想

　　《摩訶止觀》卷第六，出示諸多法藥的定義，有此定義往往能與藥師經中諸文義相符，如五戒、十善、四無量心等，爲凡夫修有漏之禪，經中云：

> 二入假識藥者，病相無量藥亦無量。略言爲三，一世間法藥，二出世間法藥，三出世間上上法藥。大品有三種法施、三歸、五戒、十善道、四禪、無量心等，名世間法施。二出世間法施，三出世間上上法施。可知云云釋論云。何惠用世間法施。譬如王子從高墮下，父王愛念積以繒綿於地接之，令免苦痛。眾生亦爾，應墮三途，聖人愍念以世善法權接引之令免惡趣。然施法藥凡愚本自不知，皆是聖人託迹同凡，出無佛世誘誨童蒙。大經云。一切世間外道經書皆是佛說，非外道說。光明云，一切世間所有善論，皆因此經，若深識世法即是佛法。……當別於通明觀中勤心修習，大悲誓願精進無怠，諸佛威加豁然明解，於世法藥永無疑滯。然世法藥非畢竟治，屈步移足雖垂盡三有，當復退還。故云，凡夫雖修有漏禪，其心行穿如漏器，雖生非想當復退還，如雨彩衣其色駁脫。世醫雖差差復還生；此之謂也。〔註84〕

　　經文中說明出世間法藥，如平等觀、三學、四念處等，以開發法眼，明瞭眞如，經云：

> 次明知出世法藥者，如大經云，或說信爲道，或說樂欲，或說不放逸，

〔註84〕隋‧智顗説、灌頂記：《摩訶止觀》卷6，（CBETA, T46, no. 1911, p. 77, a19～b21）。

或說精進，或說身念處，或說正定，或說修無常，或說蘭若處，或說
為他說法，或說持戒，或說親近善友，或說修慈等也。……或二道為
藥，定愛智策，二輪平等，或三法為藥謂戒定慧，或四法為藥謂四念
處，或五法為藥謂五力，或六法謂六念，七覺、八正道、九想、十智，
如是等增數明道。乃至八萬四千不可稱數，或眾多一法，乃至無量一
法，不可說一法。或眾多十法，無量十法，不可說十法。是一一法有
種種名，種種相，種種治，出假菩薩皆須識知，為眾大悲誓願及精進
力。諸佛威加，法眼開發，皆能了知，如觀掌果。〔註85〕

出世間的上上法，是實諦，或是止觀中的三法：

又知出世上上法藥，約止觀一法為藥者，謂一實諦，無明心與法性合
則有一切病相。觀此法性尚無法性，何況無明及一切法，或二法為藥
即是止觀，體達心性虛妄休息，或三法為藥即是止觀。〔註86〕

《藥師琉璃光如來本願功德經》中云，恭敬供養、持佛名號之除病法藥：

爾時，曼殊室利童子白佛言：「世尊，我當誓於像法轉時，以種種方
便，令諸淨信善男子、善女人等，得聞世尊藥師琉璃光如來名號，
乃至睡中，亦以佛名覺悟其耳。世尊，若於此經，或復為他演說、
開示，若自書，若教人書，恭敬尊重，以種種花香、塗香、末香、
燒香、花鬘、瓔珞、幡蓋、伎樂，而為供養。以五色綵，作囊盛之，
掃灑淨處，敷設高座，而用安處。爾時，四大天王，與其眷屬，及
餘無量百千天眾，皆詣其所，供養守護。世尊，若此經寶流行之處，
有能受持，以彼世尊藥師琉璃光如來本願功德，及聞名號，當知是
處，無復橫死，亦復不為鬼神奪其精氣，設已奪者還得如故，身心
安樂。」

佛告曼殊室利：「如是，如是，如汝所說。……」〔註87〕

　　《藥師琉璃光如來本願功德經》中所說的醫療思想，如經文中云「受持
讀誦」一語，乃是表現出六度波羅蜜中精進的精神。於自身所處的清靜處，

〔註85〕隋‧智顗說、灌頂記：《摩訶止觀》卷6，（CBETA, T46, no. 1911, p. 77, b21～
　　　　c11）。
〔註86〕隋‧智顗說、灌頂記：《摩訶止觀》卷6，（CBETA, T46, no. 1911, p. 77, c11～
　　　　15）。
〔註87〕唐‧玄奘譯：《藥師琉璃光如來本願功德經》卷1，（CBETA, T14, no. 450, p. 406,
　　　　b22～c7）。

若如經文中所敘述的「以種種花香、塗香、末香、燒香、花鬘、瓔珞、旛蓋、伎樂，而爲供養。以五色綵，作囊盛之，掃灑淨處，敷設高座，而用安處。」文中指出「掃灑淨處」，與現代文明講求的乾淨無髒亂的環境有相同的衛生觀念，能常如此處於乾淨、清潔、無有穢氣物茲生細菌，則居住於此的人必能少得疾病，是諸多環境衛生管理者強調的健康環境，也是衛生預防醫學的實踐，諸多高生活品質社區也多以潔淨的環境作爲表徵。若能有如此的清潔環境，勢必能比相對不潔環境所滋生的蚊、蠅、蟑螂帶來的病菌滋生與傳染疾病，所謂欲健康於預防，則更能保持身體的健康，免於無央之病災。

又經中云「以種種花香、塗香、末香、燒香、花鬘、瓔珞、旛蓋、伎樂，而爲供養」，經文中出現以香花、塗香、末香、燒香、花鬘……等，以之獻供，此種現象與現代人講究的芳香療法似乎無差別。「而用安處」一語即表示，應處在一個無有吵雜之處而做供養與持誦經文，如此簡單而不失隆重的安靜修持處所，對都會區而言是一個任何人所嚮往心靈寂靜的最佳處所，常處在其中的人清淨、無有罣礙的心，精神愉悅便能擺脫因心神所引起的文明病。

《佛說大阿彌陀經》中阿彌陀佛所發之四十八願中第五大願，亦提及「香熏」一事，經云：

> 第五願。我作佛時。我刹中自地以上至於虛空。皆有宅宇宮殿樓閣池流花樹。悉以無量雜寶百千種香而共合成。嚴飾奇妙殊勝超絕。其香普熏十方世界。眾生聞是香者皆修佛行。不得是願終不作佛。
> 〔註88〕

可見敬事佛事有其獨特之熏香氣味，而此香氣能令人感覺清淨，能於諸氣味中，一聞此清淨香，便思想到修持佛行，直至成佛。中國一向以檀香或沉香粉狀木料，作爲敬事諸佛的焚香料，沉香與檀香在《本草備要》中的記載，有助於心神的安定作用，書中載云：

> 沉香。性味：辛苦性溫。功用：諸木皆浮，而沉香獨沉，故能下氣而墜痰涎。能升能降，氣香入脾，故能理諸氣而調中。……行氣不傷氣，溫中不助火。主治：治心腹疼痛，噤口毒痢，癥癖邪惡。……。

〔註88〕宋・王日修校輯：《佛說大阿彌陀經》卷1，（CBETA, T12, no. 364, p. 328, c21 ～25）。

檀香。性味：辛溫。功用：調脾胃，利胸膈，去邪惡。……內典云：
旃檀塗身能除熱惱。昂（汪昂）按：內興慾念，亦稱熱惱，蓋諸香
多助淫慾，唯檀香不然，故釋氏焚之。……〔註89〕

欲修持藥師法門者，又能於「受持讀誦」中明瞭《藥師經》中所敘述的
大乘精神，由《藥師經》經文中獲得「法藥」，是爲斷一切煩惱，如《大涅槃
經》卷第四中所言，：

即爲說法，令離是處，度眾生故，爲說無上微妙法藥，爲令斷一
切煩惱樹故，種植無上法藥之樹，爲欲拔濟諸外道，故說正法。
〔註90〕

《藥師琉璃光如來本願功德經》文中曼殊室利所言，自「受持讀誦」以
下之文，實屬修持行儀中應具備之壇場（佛壇）設置，壇場（佛壇）設置現
象，要求清淨、莊嚴。經文至「……世尊，若此經寶流行之處，有能受持……」
乃在說明《藥師經》之修持法門功德，能得圓滿解脫。由經中可知曼殊室利
於上段所說之內容，已經得到釋迦牟尼佛的肯定，釋迦佛方作「如是，如是，
如汝所說。……」的肯定說辭。又如經中所言：

若昔人中，曾聞世尊藥師琉璃光如來名號，由此善因，今復憶念，
至心歸依，以佛神力，眾苦解脫，諸根聰利，智慧多聞，恆求勝法，
常遇善友，永斷魔羂，破無明殼，竭煩惱河，解脫一切生、老、病、
死、憂愁苦惱。〔註91〕

除經文中所言「受持讀誦」、「若於此經，或復爲他演說、開示」之功德
外，其他如經中所說「從彼命終，還生人趣，得正見精進，善調意樂，便能
捨家，趣於非家。如來法中，受持學處，無有毀犯，正見多聞，解甚深意，
離增上慢，不謗正法，不爲魔伴，漸次修行，諸菩薩行，速德圓滿。」的方
便法門，並能使人們在現世不具善行的狀況，也能因「受持讀誦」而漸次發
展四無量心，並得清淨自在法門。

〔註89〕 清・汪昂原著：《本草備要》，（台北，志遠書局，1990 年 10 月，二版八刷）。
頁 320。

〔註90〕 北涼・曇吳讖譯：《大般涅槃經》卷 4，〈4 如來性品〉，（CBETA, T12, no. 374,
p. 389, c28～p. 390, a2）。

〔註91〕 唐・玄奘譯：《藥師琉璃光如來本願功德經》卷 1，（CBETA, T14, no. 450, p. 406,
a18～23）。

第三節 《藥師經》修行法門要義

《建立曼荼羅護摩儀軌》一文中有偈文，說明儀軌是用於身、口、意的相應修持，經云：

> 次陳四微密，儀軌當修習。
>
> 本尊真言印，身口意相應。
>
> 三位正和合，而作諸事業。
>
> 由外引入內，義理無差別。〔註92〕

「儀軌」一詞於下文中說明，所謂修行法門除了念誦本經《藥師琉璃光如來本願功德經》外，尚有屬於較為精簡的修持法，一般稱為修持儀軌，如《藥師經疏》中云：

> 經（藥師經）。是故至方便，二順成。是故教以呪藥方便是除橫法故。唐本云，是故勸造續命幡燈，修諸福德，以修福故，盡其壽命不經苦患。宋本復云：我聞世尊說有諸橫，勸造幡燈令其修福，又言昔沙彌救蟻已修福故，盡其壽命不更苦患，身體安寧福德力強使之然也。此答意云何夫橫死者，皆是不定業，此業若有順緣資助則得延長，若無順緣資助則便短促，是故勸造幡燈修敬三寶等福德。以修福德為資助順緣故，遂使是人盡彼先業所感壽命，終不中逢更經枉橫苦患也。〔註93〕

所謂「勸造續命幡燈，修諸福德」的造續命幡、燈即是另一種修持法。又有「陀羅尼」〔註94〕Dhāraṇīmukha 的修持法門，也是修持法不可或缺之重要元素。

一、修持儀軌之要義

「儀軌」〔註95〕一詞乃是記密部本經所說，佛、菩薩、諸天神等念誦、

〔註92〕失譯作者：《建立曼荼羅護摩儀軌》卷1，（CBETA, T18, no. 912, p.931, b13～16）。

〔註93〕失譯作者：《藥師經疏》卷1，（CBETA, T85, no. 2767, p. 325, c18～28）。

〔註94〕陀羅尼。此指文字陀羅尼。《大般若波羅密多經》中云：「復次，善現！菩薩摩訶薩大乘相者，謂諸文字陀羅尼門。」爾時，具壽善現白佛言：「世尊！云何文字陀羅尼門？」佛言：「善現！字平等性、語平等性，言說理趣平等性入諸字門，是為文字陀羅尼門」。唐·玄奘譯：《大般若波羅蜜多經（第1卷～第200卷）》卷53〈15 辨大乘品〉，（CBETA, T05, no. 220, p. 302, b1～5）陀羅尼門 Dhāraṇīmukha.。

〔註95〕儀軌。般剌密諦譯，明·鐘惺撰：《楞嚴經如說》卷1，「總指三界受生處，威

供養儀式、軌則之書。即指一定形式之威儀、軌則。自不空、善無畏其中抄出而傳譯者，即今之儀軌也。

《無畏三藏禪要》中記載羯摩儀軌中有其相關的次第：

> 中天竺摩伽陀國王舍城邦，爛陀竹林寺三藏沙門諱輸波迦囉，唐言善無畏，刹利種豪貴族，共嵩岳會善寺大德禪師敬賀和上，對論佛法。略述大乘旨要，頓開眾生新第，令速悟道，即受菩薩戒，羯摩儀軌，序之如左。

> 夫欲入大乘法者，先須發無上菩提心，受大菩薩戒身器清淨，然後受法。略作十一門分別。

> 第一發心門，第二供養門，第三懺悔門，第四歸依門，第五發菩提心門，第六問遮難門，第七請師門，第八結摩門，第九結界門，第十修四攝門，第十一十重戒門。〔註96〕

於上所述，可知「儀軌」乃有別於一般經典之念誦次第。談錫永解釋「儀軌」言：「應該解釋為威儀的軌範」。並進一步說明：「顯宗弟子有『行、住、坐、臥』四種威儀〔註97〕，藏密行人除此之外，還須『觀想』自身時刻都成本尊的威儀。這種『佛慢堅固而住』的威儀，在藏密中是極其重要的。」〔註98〕

此「佛慢堅固而住」即是「薰習」的一種訓練行為，行者經常修習如「藥師法門」的儀軌，日積月累可使藥師之精義深深烙印於自身之阿賴耶識之中，

儀、軌則也。具足威儀，能自成就，亦成就人。有戒行意在內，轉輪，佛法能摧破惑障，運出生死之喻，雖受遺囑，實忘彼我能所之相。說法如幻，度生同空，故稱妙堪」，般剌密諦譯，明·鐘惺撰：《楞嚴經如說》卷1，（CBETA, X13, no. 286, p. 385, c20～24 // Z 1：20, p. 383, c14～18 // R20, p. 766, a14～18）。

〔註96〕 失譯作者：《無畏三藏禪要》卷1，（CBETA, T18, no. 917, p. 942, b29～c12）。

〔註97〕 威儀。坐作進退有威德有儀則者。經云：「威儀處苦者，當知即是行住坐臥四種威儀。菩薩於中若行若坐，晝夜恒時從諸障法淨修其心，終不非時脇著床座草敷葉敷」。彌勒說，唐·玄奘譯：《瑜伽師地論》卷42，〈11 忍品〉，（CBETA, T30, no. 1579, p. 524, a23～26）。又，「而菩薩行布施心無厭足，如是等時念念中三千大千世界滿中火時，現四種威儀。雖少一切資用而現作，持戒忍辱精進禪定智慧心，乃至坐道場。如是菩薩不厭修持戒忍辱精進禪定智慧等心，此是菩薩廣心」。阿僧伽作，後魏·佛陀扇多譯：《攝大乘論》卷2，（CBETA, T31, no. 1592, p. 106, b8～13）。

〔註98〕 談錫永：《密宗儀軌與圖式》〈西藏密宗的儀軌〉（大乘文化出版社，1979 年 4 月），頁 3。

「阿賴耶識」意爲「藏識」，即是眾生累世所習得之行爲潛藏意識，也是善業、惡業之儲存處。「藏識」說明人之經常的行爲，會成爲一種意識無形間住於「識」間，在因緣聚會之時便反應其潛藏之本識（即阿賴耶識之反應）。舉名音樂家貝多芬爲例，何以一位五歲之孩童能作出並且彈得如此傳名於世之鋼琴曲，也惟有作此番解釋，否則不知其所以然。其他個人的本能技藝亦可作此解釋。

　　是故若有意修持「藥師法門」，或常修持「藥師法門」者，能使己身之行爲、意識、自身所作行爲能如《藥師經》所說之功德顯現，或者可於來生所獲之福德如《藥師經》所言：「不可思意之福德」。修持法門的行者現世所執行之事業亦能如《藥師經》中所言：「隨意所趣，作諸事業」。此是潛修「藥師法門」之相應力，能以如藥師佛之慈悲願力，獲得如藥師佛之福德，亦能從事善行，如藥師佛之救助當應救助之眾生。「修持」能獲如本尊之成就，亦行本尊之願力施善行於世間眾生，此是「受持讀誦」藥師法門修持之要義，也是佛法在人間之法旨。

　　一般顯教多以念誦經典爲主要修持，但不空、善無畏等法師以簡要方式「略述大乘旨要，頓開眾生新第，令速悟道，即受菩薩戒，羯摩儀軌」〔註99〕，而形成儀軌次第。如次目所列弘一大師在己卯年（民國二十八）二月於泉州光明寺所述之〈藥師法門修持課儀略錄〉載於下文，實可以成爲個人日行修持之儀軌。儀其中有依《藥師經》經文列出「陀羅尼」、「灌頂眞言」，初學者多不解其義。密教中有所謂「眞言咒語」，初學者每惑於中文字義，而生執著心。

　　《大智度論》〈大智度初品中摩訶薩埵釋論第九〉中說明「陀羅尼」的功德性，論中云：

　　問曰：已知次第義，何以故名陀羅尼？云何陀羅尼？

　　答曰：陀羅尼，秦言能持，或言能遮、能持者。即種種善法，能持令不散、不失，譬如完器盛水，水不漏散。能遮者，惡、不善心生，能遮令不生。若欲作惡罪，持令不作，是名陀羅尼。〔註100〕

〔註99〕　張曼濤主編：《密宗概論》（大乘文化出版社，1979年1月初版），頁49～50。
〔註100〕　「已知次第義，何以故名「陀羅尼」？云何陀羅尼？答曰：「陀羅尼」，秦言能持，或言能遮。能持者，集種種善法，能持令不散不失。譬如完器盛水，水不漏散。能遮者，惡不善根心生，能遮令不生；若欲作惡罪，持令不作，是名陀羅尼」。龍樹造，後秦‧鳩摩羅什譯：《大智度論》卷5〈1序品〉，（CBETA, T25, no. 1509, p. 95, c9～14）。

　　《大毘盧遮那成佛經疏》解釋「眞言」之要諦，是於自心發菩提，爲證大涅槃之境地而起之三門密契。經中說明：

　　　　眞言梵曰漫怛攞，即是眞語如語不忘不異之音。龍樹釋論，謂之祕密號，舊譯云呪，非正翻也。此品統論經之大意，所謂眾生自心，即是一切智智，如實了知，名爲一切智者，是故此教諸菩薩，眞語爲門。自心發菩提，即心具萬行，見心正等覺，證心大涅槃，發起心方便，嚴淨心佛國。從因至果，皆以無所住而住其心，故曰入眞言門住心品也。入眞言門略有三事，一者身密門，二者語密門，三者心密門。〔註101〕

　　《大日經義釋》中釋一行說明「眞言」一語，在字、音、意上，究竟界的關係性，文中載：

　　　　聲從於字出，字生於眞言，眞言成立果。

　　　　諸救世尊説，當知聲性空，即空所造作。

　　　　一切眾生類，如言而妄執，非空亦非聲。

　　　　爲修行者説。〔註102〕

　　《藥師琉璃光如來消災除難念誦儀軌》中明載藥師佛眞言即是陀羅尼的形式，經中載明梵字、音標、譯音爲：

(na)	(mo)	(bhā)	(ga)	(va)	(te)	(bhai)	(ṣai)	(jya)
曩	謨	婆	誐	嚩	帝	佩	殺	紫野
(gu)	(ru)	(vai)	(tu)	(rya)	(pra)	(bhā)	(rā)	
虞	嚕	吠	汝	哩也	鉢羅	婆	囉	
(ja)	(ya)	(ta)	(thā)	(ga)	(tā)	(yā)	(rha)	(te)
惹	野	怛	他	蘗	哆	野	囉喝	帝
(sa)	(myaḥ)	(ksaṃ)	(bu)	(ddhā)	(ya)	(ta)	(dya)	(thā)
三	藐	三	沒	馱	野	怛	儞也	他
(oṃ)	(bhai)	(ṣai)	(jye)	(bhai)	(ṣai)	(jye)		
唵	佩	殺	爾曳	佩	殺	爾曳		

〔註101〕唐・一行記：《大毘盧遮那成佛經疏》卷1，〈1 入眞言門住心品〉，（CBETA, T39, no. 1796, p. 579, b19～28）。

〔註102〕唐・一行述記：《大日經義釋》卷14，（CBETA, X23, no. 438, p. 504, a3～6 // Z 1：36, p. 477, c3～6 // R36, p. 954, a3～6）。

** क**(bhai)　**ष**(ṣai)　**ज्य**(jya)　**स**(sa)　**म**(ma)　**ग**(dga)　**त**(te)

佩　　殺　　紫野　　三　　麼　　弩藥　　帝

स्वा(svā)　**हा**(hā)

娑嚩　　賀〔註103〕

現今坊間所流傳的《藥師琉璃光如來本願功德經》註文中載明的「藥師琉璃光如來灌頂眞言」，與《慈悲藥師寶懺》中的陀羅尼相同：

南無薄伽伐帝　鞞殺社窶嚕　薜琉璃　缽喇婆　喝囉闍也　怛陀揭多耶　阿囉喝帝　三藐三勃陀耶　怛姪陀唵　鞞殺社　鞞殺社　三沒揭帝莎訶。〔註104〕

談錫永言「眞言陀羅尼」又叫作眞言咒語，爲諸佛菩薩的秘密語。本來眞言並沒有什麼秘密可言，不過是表示宇宙的眞理而已。例如花木，到了春天開花，到了夏天結實，這是自然的道理——眞理。……爲何把這種「自然法爾」的道理，叫作眞言陀羅尼，而加以信仰？這是因爲「眞言」裡，含有諸佛菩薩不可思議的「加持」力使然的。加持就是加披「攝持」的意思。這是諸佛菩薩大悲心的流露，是攝持眾生的力量。所以我們一心禱告——信心與諸佛菩薩相應——道交敢應時，則能得到諸佛菩薩的不可思議力量，而有種種無法說明的受用——妙益。因此，眞言陀羅尼爲諸佛菩薩的秘密語。……諸佛菩薩的眞言它貫通三世，該羅十方的「如義言說」。……弘法大師說：「五大皆有響，十界具言語、六塵悉文字，法身是實相。」……眞言陀羅尼又有廣、中、略之分。如下表：

眞言陀羅尼〔
　　　　　廣—大咒—根本咒—根本陀羅尼
　　　　　中—中咒—心咒—眞言略—小咒—心中心咒—種子眞言〔註105〕

《密宗概論》一書中云：

眞言者，諸佛菩薩乃至明王天等之本誓本願。又稱咒，眞言能發神通，

〔註103〕唐‧一行撰：《藥師琉璃光如來消災除難念誦儀軌》卷1，（CBETA, T19, no. 922, p. 21, c29～p. 22, a13）。

〔註104〕清：《慈悲藥師寶懺》卷1，（CBETA, X74, no. 1484, p. 573, c9～11 // Z 2B：2, p. 57, d12～14 // R129, p. 114, b12～14）。

〔註105〕般若室利：《密宗儀軌與圖式》〈眞言密咒的解說〉（台北：大乘文化出版社，1979年4月），頁211～214。

除災患與世間咒禁法相似是故曰咒。如大（日）疏云：

> 眞言，梵曰漫恒羅，即是眞語如語不妄不異之音。龍樹釋論，謂之秘
> 密號。舊譯云咒，非正翻（譯）也。又稱明，眞言能破眾生煩惱闇障，
> 義翻爲明。一説明即眞言，義有差別，若心口出者，名眞言；從一切
> 身分任運生者，名之爲明。又佛放光明光中所説，故名爲明。〔註106〕

《藥師經》的修行法門，主要以坊間常見之念誦儀軌爲敍述，就顯、密的修持課儀分列一則。蓋各教、宗本每各分殊，次第各異，又或文字呈印與各教授者之音聲不盡相同，是所以持心法義者總稱「成就之法在於心印」。於此筆者就顯教部類，以爲初學者入門之修持方法，唯當應知修持法門之要首在於誠、敬、淨、信爲大要，下文載弘一法師所列之修持儀軌〈藥師法門修持課儀略錄〉一則，筆者另列二則密教之修持儀軌於附錄一中，以供同好之參考。

二、顯教藥師如來修持儀軌

釋弘一〔註107〕在〈藥師如來法門大略〉一文中載明藥師法門的日課唱誦次第如下文：

〈藥師如來法門大略〉，如大藥師寺已印行之藥師法門略錄所載。

今所述，爲吾人平常修持簡單之課儀。若正式供養法，乃至以五色縷結藥又神將名字法等，將別輯一卷專載其事，今不述及。欲修持藥師如來法門者，應供藥師如來像。供相之處，不可在臥室，若不得已，在臥室供奉者，睡眠之時，宜以淨布覆蓋像上。

《藥師經》供於几上，不讀誦時，宜以淨布覆蓋。供佛像之室，須十分潔淨，每日宜掃地，並常常拂拭幾案。供佛之香，須擇上等有香氣者。供佛之花，須擇開放圓滿者，若稍有殘萎，即除去，花瓶之水，宜每日更換。若無鮮花時，可用紙製者代之。此外如供淨水、供食物等，隨個人意；但所供食物，須人可食者乃供之，若未熟之水果及未烹調之蔬菜等，皆不可供。以上所舉之供物，

〔註106〕 張曼濤主編，《密宗概論》（台北：大乘文化出版社，1979年1月），頁49～
50。
〔註107〕 釋弘一。清·光緒6年10月23日生年至民國31年（農曆9月5日，圓寂於
泉州溫陵老）（1800～1942），原籍浙江平湖李氏，生於河北天津河東區，地
藏前故居李宅。生後取名文濤。父筱樓公。師諱演音，字弘一，別號晚晴，
又稱二一老人。春秋六十有三，戒臘二十有四，師積修勝德，智慧高遠，允
爲近代南山律宗師範。盧雲：〈弘一大師傳〉，《佛教文化季刊》，第一卷，第
二期，1965，頁19。

應於禮佛之前預先擺設好，凡在佛前供物或禮佛時，必須先洗手、漱口。

此外如能懸旛燃燈尤善，無者亦可。以下略述修持課儀，分為七門。其中禮敬、讚嘆、供養、迴向、發願，必須行之誦經、持名、持咒，可隨己意，或唯修二法，或僅修一法皆可。〔註108〕

（一）禮敬

禮敬諸佛三拜。

（十方三寶一拜，或分禮佛法僧三拜。本師釋迦牟尼佛三拜。藥師琉璃光佛三拜。此外若欲多拜，或兼禮敬其他佛、菩薩者、隨己意增加。禮敬之時，須至誠恭敬，緩緩拜起，萬不可匆忙，寧可少拜，不可草率。）〔註109〕

就筆者所知各寺、院之儀禮各稍有不同禮拜之姿態與次數，各隨方所。若在家優婆塞、優婆夷居家修持時，則可以方便之三拜代表禮敬十方三寶，誠敬可鑒。

（二）讚嘆

禮敬既畢，於佛前長跪合掌，唱讚偈云：

歸命滿月界　淨妙琉璃尊　法藥救人天　因中十二願

慈悲弘誓廣　願度諸含生　我今申讚揚　志心頭面禮

（右（即上文）讚偈出〈藥師如來消災除難念誦儀軌〉。唱讚之時，聲宜遲緩，宜莊重。）

筆者補充說明，此讚偈弘一大師云用「唱」讚的方式，然初學者亦可直接以念誦或默誦方式誦讚，主要在不失稱「讚」的恭敬本意。至於誦讚的次數，可為一或三次，唯此後應以固定次數誦之。

（三）供養

讚嘆既畢，於佛前長跪合掌，唱供養偈云：

願此香花雲　遍滿十方界　一一諸佛土

無量香莊嚴　具足菩薩道　成就如來香

（供養畢，或隨己意增誦懺悔文，或可略之。）

〔註108〕太虛大師等述：《殊勝的藥師如來法門》〈藥師法門修持課儀略錄〉（臺北：佛陀教育基金會，2008 年 3 月），頁 75～80。

〔註109〕太虛大師等述：《殊勝的藥師如來法門》〈藥師法門修持課儀略錄〉（臺北：佛陀教育基金會，2008 年 3 月），頁 75～80。弘一大師本文續補充說明。

　　筆者補充說明，此偈如上讚偈同，可用念誦或默誦方式，持誦一或三遍。今補充懺悔文如下：

　　　　往昔所做諸惡業　　皆由無始貪瞋癡
　　　　從身語意之所生　　我今一切皆懺悔

（四）誦經

　　（字音不可訛誤，宜詳考之。誦經時或跪或立或坐或經行皆可。）

　　筆者補充說明，此誦經次第可念誦《藥師琉璃光如來本願功德經》一卷，然《藥師經》誦完一卷，須經多時，修持者有以選擇於農曆每月初一或十五日作經誦，以表殷誠。

（五）持名

先唱讚偈云誦經：

　　　　藥師如來琉璃光　　燄網莊嚴無等倫
　　　　無邊行願利有情　　各隨所求皆不退

　　續云：「南無東方淨琉璃世界藥師琉璃光如來」，以後即持念「藥師琉璃光如來」名號一百八遍。若欲多念者隨意。

（六）持咒

　　（或據經中譯音持念，或別依師學梵文原音持念皆可。或念全咒一百八遍，或先念全咒七遍，續念心咒一百八遍，後復念全咒七遍。心咒者，即是咒中唵字以下之文。）

　　未經密宗阿闍黎傳授，不可結手印。擅結者，有大罪。持咒時，不宜大聲，唯令自己耳中得聞。持咒時，以坐為正式，或經行亦可。）〔註110〕

　　藥師根本咒（全咒，藏音，轉載）〔註111〕

Ōom, na mŏ bäng ga va dei , beh ka tze-yeh, gu ru ben ju-ya, bra bah ran ja ya, da ta
唵　　納莫邦　嘎哇　德　別卡揭　　姑嚕邊　租呀　不巴攔渣呀　達他

〔註110〕太虛大師等述，《殊勝的藥師如來法門》〈藥師法門修持課儀略錄〉（臺北：佛陀教育基金會，2008 年 3 月），頁 79。

〔註111〕太虛大師等述，《殊勝的藥師如來法門》〈藥師法門修持課儀略錄〉（臺北：佛陀教育基金會，2008 年 3 月），頁 93～94。《藥師經》文中「藥師琉璃光如來灌頂真言」：南無薄伽伐帝 鞞殺社窶嚕 薜琉璃 鉢喇婆 喝囉闍也 怛陀揭多耶 阿囉喝帝 三藐三勃陀耶 怛姪陀唵 鞞殺社 鞞殺社 三沒揭帝莎訶。與現行常作為念誦的梵文真言稍異。

ga da ya, arha dei śam-ya sum bu-da ya, dăt-ya ta, oom, bah ka tza-yeh, beh ka tze-yeh,

嘎達耶　啞哈德 沙呀　沙 不達 牙 爹雅他　唵　別 卡揭　　別 卡揭

ma ha beh ka tze-yeh, ra ja sa mu-ga dei, sŏ ha.

摩 訶 別 卡揭　　囉祚沙目嘎 德 梭 哈

藥師佛心咒（藏音，轉載）〔註112〕

dătya ta, oom, bah ka tza-yeh, beh ka tze-yeh, ma ha beh ka tze-yeh, ra ja sa mu-ga

爹雅他　唵　別 卡揭　　別 卡揭　　摩 訶 別 卡揭　　囉祚沙目嘎

dei, sŏ ha.

德　梭哈

　　以上係弘一大師在〈藥師如來法門大略〉一文中載明之課儀，釋弘一雖是顯教沙門大師，在文中所稱之「根本咒」、「心咒」，即是前文中所說之「陀羅尼」。藥師經文中明載「藥師琉璃光如來灌頂眞言」：南無薄伽伐帝 鞞殺社 寠嚕 薜琉璃 鉢喇婆 喝囉闍也 怛陀揭多耶 阿囉喝帝 三藐三勃陀耶 怛姪陀唵 鞞殺社 鞞殺社 三沒揭帝莎訶。與密教修持儀軌之「根本咒」、「心咒」無異，顯示釋弘一實則乃顯密雙修之士。

〔註112〕太虛大師等述：《殊勝的藥師如來法門》〈藥師法門修持課儀略錄〉（臺北：佛陀教育基金會，2008 年 3 月），頁 92。

第三章　宗教與醫療

　　自古以來，學醫者之職責即是以醫治他人之身心病證，使之身體上的病情改善或至完好，或安頓其心理，使之趨向健康、正常之心理功能，此乃是古今皆然的醫德。而詳審有此悲愍的醫者心，實出於內心的濟世佛心。

　　佛教獨特的文化具有如下的特點：

　　一、佛教的出世文化。佛陀闡明佛法是對於世間婆羅門傳統的種姓體系和文化的背離，以新的平等價值理念，從根源在關心世人的苦難，思索其產生的根源和解脫的方法。

　　二、佛教的慈悲文化。這是佛教被大眾認同的文化，諸多佛、菩薩形象都是以慈悲相貌呈現，讓人們產生皈依與獲得慰藉。「慈」為給予眾生產生樂的因，「悲」為拔除眾生已生的苦果，此中體現佛陀對眾生最至切的人文關懷，佛教最究竟的慈悲是幫助眾生明瞭生死之苦，超越輪迴，欲得到就究竟自在，就須要智慧的力量，這就是佛教「悲智雙運」說。

　　三、佛教的智慧文化。佛陀所展現的圓滿智慧（佛教稱為無上正等正覺），是佛教追求的世界和平的最高目標。釋迦牟尼的證悟佛性是依自我的「內自省」而獲得的，不同於宣示天啓或神助的基督教或伊斯蘭教。

　　就臺灣宗教社會服務的經驗，宗教團體所提供的社會福利主要以慈善救濟為主。但西方宗教來臺的宗教福利事業發展分為三期：最早期的傳統慈善發展階段，基督教提供醫療與教育方面的服務，並建立學校與醫院等。轉型與發展階段則提供殘障、勞工和心理諮詢服務，因應社會的多元變遷，也同時不斷的演變出多元性服務內容。而臺灣本土宗教社會服務發展則是自 1960 年到 1970 年間由寺廟所從事傳統慈善物資發放、金錢輔助等工作。繼而 1970

年以後出現提供醫療和教育方面的發展。〔註1〕在台灣各縣市可以看得到諸宗教以慈悲喜捨的四無量心成立各所屬之醫院，以宗教性質達到自家宗教教化、推廣或是宣揚，無論其宗教屬別為何，都在行持如藥師佛的「醫者心」。

第一節　宗教與疾病觀

我們不難觀察到，不同的文化，以其原始的文化基礎所發展出的宗教，對於人們所產生的疾病原因，有著不盡相同的觀察與觀感。在現代醫學未發達的時代，也可以從大多數的經典中發現宗教對疾病的詮釋，以一般身病而言，比較多是外因所產生的生理病。中國一向以臟腑、經絡、氣血、營衛為疾病產生的判準：

疾病的發生和傳變，也與經絡的作用分不開的。如中醫《素問》：「邪之客於形也，必先舍於皮毛；留而不去，入舍於脈絡；留而不去，入舍於經脈；內連五臟，散於腸胃，因陽俱感，五臟乃傷」。這就是說明外邪侵入內臟，也與經脈的傳導有密切關係。〔註2〕

中國道家學者葛洪在《抱朴子》一書〈極言卷第十三〉中說到人疾病產生之因：

世人以決病之日，始做為疾，猶巳氣絕之日，為身喪之候也。為怨風冷與暑濕，不能傷壯實之人也，徒患體虛氣少者，不能堪之，固為所中耳。〔註3〕

中國傳統醫書《金匱要略》，第一篇臟府、經絡先後病脈證，開宗明義道：

夫人秉五常，因風氣而生長。風氣雖能生萬物，亦能害萬物，如水能浮舟，亦能覆舟。若五藏元真通暢，人即安和，客氣邪風，中人多死。千般疢難，不越三條：一者，經絡受邪入藏府，為內所因也。二者，四肢九竅，血脈相傳，壅塞不通，為外皮膚所中也。三者，房屋、金刃、蟲獸所傷。以此詳之，病由都盡。〔註4〕

〔註1〕吳惠莉，《宗教醫院組織文化與中高階主管組織承諾之調查研究》，碩士論文，2007年7月，頁8。

〔註2〕吳定國輯著：《內經解剖生理學》（台北：國立中國醫藥研究所出版，1999年4月，八版一刷），頁24。

〔註3〕葛洪著：《抱朴子》（台中：創譯出版社，1981年6月），頁76。

〔註4〕李一宏編：《金匱要略》（台北：明師出版，1996年11月，初版），頁1～5。

在宗教的觀點而言，人們之所以有疾病的產生，除了一般的氣候因素、外力因素所產生的「身病」以外，又有因業力所產生之身病、心病，如生理因業力所產生的生理病，如《摩訶止觀》記載有魔病、鬼病，經中說明如下：

> 鬼病者，四大五臟非鬼，鬼非四大五臟。若入四大五臟，是名鬼病。……鬼亦不漫病人，良由人邪念種種事。……鬼但病身殺身。〔註5〕

因業力所產生之心病，心理病依《摩訶止觀》記載魔病乃是破壞修行者之正觀與慧命，實是起於邪念，與鬼病之興起差別無幾。文中言：

> 魔病者與鬼亦不異，鬼但病身殺身，魔則破觀心，破法身慧命，起邪念想，奪人功德，與鬼為異。〔註6〕

《藥師琉璃光如來本願功德經》中提到因「業力」所產生的「業病」：

> 復次曼殊室利，若諸有情，好喜乖離，更相鬥訟，輾轉常為不饒益事，互相謀害。……〔註7〕

> 若諸有情慳貪嫉妒，自讚毀他，當墮三惡趣中，無量千歲，受諸劇苦，受劇苦已，從彼命終，來生人間，做牛、馬、駝、驢，恆被鞭撻，飢渴逼惱；又常負重，隨路而行。或得為人，生居下賤，作人奴婢，受他驅役，恒不自在。〔註8〕

佛教經典中，常引以如此身、語、意因貪、瞋、癡三毒所產生引起的「業病」，大多是產生身、心疾病的原因。如《法句經》惡行品：

> 見善不從，反隨惡心，求福不正，反樂邪淫。
>
> 凡人為惡，不能自覺，愚癡快意，令後壽毒。
>
> 殃人形虐，沉漸數數，快欲為之，罪報自然。〔註9〕……

如《大乘成業論》中言，果報的產生有其因緣合和的時機：

〔註5〕明·弘贊輯：《四分律名義標釋》卷27，（CBETA, X44, no. 744, p. 613, b18～c3 // Z 1：70, p. 410, a10～b1 // R70, p. 819, a10～b1）。「鬼病」者，筆者企圖解釋為「由業力所形成而外現之身或心之業病」。

〔註6〕隋·智顗著：《摩訶止觀》卷8，（CBETA, T46, no. 1911, p. 107, c13～15）。

〔註7〕唐·玄奘譯：《藥師琉璃光如來本願功德經》卷1，（CBETA, T14, no. 450, p. 406, a24～26）。

〔註8〕唐·玄奘譯：《藥師琉璃光如來本願功德經》卷1，（CBETA, T14, no. 450, p. 406, a13～18）。

〔註9〕法救撰，吳·維祇難等譯：《法句經》卷1，〈17 惡行品〉（CBETA, T04, no. 210, p. 564, c21～24）。

業雖經百劫，而終無失壞，遇眾緣合時，而當酬彼果。〔註10〕

葛洪在《抱朴子》一書〈微旨卷第六〉中說到人的業病產生原因，在於先種有惡行之因，方引來惡業病之果，文中言：

> 天地爲惡之至大者，於理當有精神，有神則宜賞善而罰惡，但其
> 體大而網疏，不必機發而響應耳。……若乃憎善好殺、口是心非、
> 背向異辭、反戾直正、虐害其下、……但有惡心而無惡迹者奪算，
> 若惡事而損於人者奪紀，若算繼位進而自死者，皆殃及子孫也。
> 〔註11〕

葛洪在《抱朴子》一書中，〈登涉卷第十七〉一篇提及精怪之說，無非亦是傳承中國的古說，因大地山川皆有其所主宰之靈神，他之所以勸請不輕易入山，是因爲對山的自然狀況不熟，若又無登山的常識而言，便容易有傷害。人若因精、氣、神耗損不足，則容易爲無常的山難損害安全與健康。卷中言：

> 入山而無術，必有患害，或被疾病，疾刺傷，及驚怖不安，或見光
> 影，或聞異聲，或另大木不風而自摧折，嚴石無故而自墮落，……
> 或令人遭虎狼，毒蟲犯人，不可輕入山也。〔註12〕

由上述可觀察到，疾病產生的原因略有不同，道家有惡煞、邪穢的侵擾說、佛教有業病因果說，都顯示人們對疾病的認知，除了對一般的生理疾病外，在宗教界認爲對疾病的產生，或者有不可知、不可見的外力侵擾現象。對於此種不可見的所謂「外靈侵入」現象的疾病，自是不能僅採取現代醫學所設定的醫療方式，而或者兼採神祇祝禱的方式，以獲得更有效的身、心、靈醫療。

第二節　傳教與醫療活動

近年來宗教在台灣能迅速蓬勃發展，除了宗教組織積極推展會務之外，另一個令人聯想的宗教推展方式就是宗教醫院的設立，因爲它的設立讓許多民眾得以受惠於就近的醫療，能減輕或甚至免除疾病的苦痛。

〔註10〕世親造，唐·玄奘譯：《大乘成業論》卷1 ，（CBETA, T31, no. 1609, p. 783, a3
　　　　～4）。
〔註11〕葛洪著：《抱朴子》（台中：創譯出版社，1981年6月），頁35。
〔註12〕葛洪著：《抱朴子》（台中：創譯出版社，1981年6月），頁99。

一、宗教醫院

　　就現今臺灣的宗教醫院分類而言，大抵以佛教、基督教、天主教為多，而道教宗教醫院亦有設立宗教醫院。就統計隸屬宗教團體所設立之宗教醫院有 36 家。屬於天主教的醫院有 11 家：依行政院衛生署之所公佈之名單統計有：財團法人天主教靈醫會羅東聖母醫院、財團法人天主教耕莘醫院新店本院、永和分院、財團法人天主教聖保祿修女會醫院、天主教仁慈醫療財團法人仁慈醫院、財團法人天主教若瑟醫院、天主教福安醫院、財團法人天主教聖馬爾定醫院及其民權院區、天主教花蓮教區醫療財團法人台東聖母醫院、財團法人天主教聖功醫院、財團法人天主教靈醫會惠民醫院。

　　基督教醫院有 16 家：基督復臨安息日會醫療財團法人臺安醫院、財團法人臺灣基督長老教會馬偕紀念社會事業基金會馬偕紀念醫院、馬偕紀念醫院淡水分院、馬偕紀念醫院新竹分院、財團法人彰化基督教醫院鹿東分院、彰化基督教醫院及其中華路院區、彰化基督教醫院二林分院、彰化基督教醫院雲林分院、戴德森醫療財團法人嘉義基督教醫院、台灣基督長老教會新樓醫療財團法人台南新樓醫院、台灣基督長老教會新樓醫療財團法人麻豆新樓醫院、馬偕紀念醫院台東分院、財團法人台東基督教醫院、臺灣基督教門諾會醫療財團法人門諾醫院、臺灣基督教門諾會醫療財團法人門諾醫院壽豐分院。

　　佛教醫院有 8 家：財團法人佛教慈濟綜合醫院花蓮本院、台北分院、台中分院、大林分院、關山分院、玉里分院、新菩提醫院、開元寺慈愛醫院。道教醫院有 1 家：行天宮醫療志業醫療財團法人恩主公醫院。〔註13〕足見「醫療」體係在宗教的信仰體系中，因其本具的宗教醫院名稱與宗教醫院外觀的造型，在其各自的宗教信仰人心中佔有非常大實際傳達宗教慈善教義的效果。

　　有別於西方基督教、天主教宗教醫院創設的原因，臺灣本土宗教醫院設立之初，主要來自宗教醫院創建主事者個人的認知為創院指標以外，與諸信仰眾的慷慨解囊，合力籌辦。或有經過多年的努力，方才成就一個較具規模的醫院產生。如以佛教宗教醫院為主的慈濟醫院為例，即是證嚴法師強調以藥師佛的十二大願為主要的濟世精神，多年來結集人力、物力、財力，統合各地資源籌措資金，集結十方善士與無名大德的捐輸，讓慈濟醫院以花蓮慈

〔註13〕98～101 年醫院及教學醫院評鑑（含精神科）合格名單。行政院衛生署統計資料。102.06.10。www.tjcha.org.tw/hafee/list.aspx?AspxAutoDetectCookieSupport=1。

濟本院為基礎，漸次發展到西岸與南部，至今並已成立五家分院，成為臺灣佛教界，並且是世界傑出慈善家的傳奇人物。

許多宗教醫院建立之初，或許都是篳路襤褸，經過基礎民眾的努力與各項資源的整合，或者有地方仕紳的大力支持，讓一個蘊含助人的善心得以呈現實際的行動。醫院原始的設置可能十分簡單，但經過智慧與資源的累積，一步步擴大體制、增加人員與設備，目的都是在於讓有為疾病所糾纏者，能使急速遠離苦痛，本著佛教利他主義，為著他人著想與服務廣大民眾對於醫療活動的需求，是無庸置疑的。這種大愛的發揮猶如《藥師琉璃光如來本院功德經》中的十二大願文中所說：

> 第六大願：願我來世得菩提時，若諸有情，其身下劣，諸根不具，醜陋、愚、盲、聾、瘖、瘂、攣、躄、背僂、白癩、癲狂、種種病苦；聞我名已，一切皆得端正黠慧。諸根完具，無諸疾苦。〔註14〕

> 第七大願：願我來世得菩提時，若諸有情，眾病逼切，無救無歸，無醫無藥，無親無家，貧窮多苦，我之名號，一經其耳，病悉得除，身心安樂，家屬資具，悉皆豐足，乃至證得無上菩提。〔註15〕

依現實狀況而言，可能時下的宗教醫院或主事者，並非如經中所說已得「菩提」或已成就「阿耨多羅三藐三菩提」，但由於現代醫學的進步與諸多有心救護他人的醫生、護士們的努力，能讓許多人恢復健康，或者令生命尚不致該終者能挽回寶貴的生命，於當時都能貢獻一己之力，致力社會祥和，這何嘗不也是藥師佛精神展現的現世社會版。

二、傳教與醫療

於現今的宗教界作為共同信仰所聚集的場所，一般的場合布置，除了有其個別遵奉的神祇形象與標誌外，共同的特色是有個宗教共同聚會時間、場地與來場的信仰眾。場地大小可能與平常來的信仰眾多少不成正比，是因為聚會多是自由出席，不會強迫個人到場，或幫忙施作會務；但也有非常多熱心幫忙的信仰眾，不論與會的資歷淺深，大多都會於宗教上所謂的大聖典的場合，大家一起把會務圓滿進行，直至場地恢復平常的樣子。因於教義的經

〔註14〕 唐・玄奘譯：《藥師琉璃光如來本願功德經》卷1，（CBETA, T14, no. 450, p. 405, a25～28）。

〔註15〕 唐・玄奘譯：《藥師琉璃光如來本願功德經》卷1，（CBETA, T14, no. 450, p. 405, a29～b4）。

文不同所產生的對最高信仰神的尊敬形式也各異其趣，於是各宗教所舉行的聚會儀式也有很大的差異。

宗教醫院的設立，本著自家宗教信仰而設立，自有其對本宗教信仰的熟知度與忠誠度。在宗教醫院裡自然擺放除了基本的診療資訊、健康衛教的資訊外，理所當然會在所屬之宗教醫院裡吊掛或擺放種種與所屬宗教有關的圖騰、畫作、標語或印製精美的文宣。這些被視為宗教信仰的文宣品被放在各所屬的宗教醫院裡，多半印刷精美，具有鼓勵精神意志的意義，希望能讓閱讀者收藏或閱讀，而多半並不會如一般在市街上所收到的宗教文宣一樣有被容易丟棄的命運。

宗教醫院裡的文宣上的活動若被視為宗教宣傳，此宗教宣傳若是不為異教徒接受，自然不被異教徒個人理會。但如基督教的耶穌聖誕晚會、作彌撒等，如佛教的佛誕日浴佛法會、佛七活動等等，如此的活動便被視為傳教活動，所謂的異教徒便可能不會參加活動。或者也有一些對宗教信仰不甚堅持者也會參加各宗教所舉辦的活動，其中不乏湊熱鬧的人，也想參與其活動，或一窺究竟者與想感受異類宗教氣氛者。

若是在宗教醫院裡有自由參加的醫療活動，則被視為所屬醫院的醫療活動，勢必使眾多人想參與，如：醫療衛教講座、醫療義診活動、偏遠地區免費診療等等，即使是異教徒也可能參與醫療活動。此時宗教醫院所舉辦的醫療活動，如地方義診、免費檢查等，即使種種的規模、行動具傳教的意味，還是會有很多異教徒會想參與，只不過心中自動淡化其傳教的色彩，最終還是以自己所屬的宗教為主。就猶如，佛教徒仍可以自己地區的方便性，到離家比較近的天主教醫院就診，在宗教醫院內所見的文宣可能不合自己的宗教信仰，但是若有免費 CPR 教學活動、健康知識講座，仍然會有想報名參加者。有趣的是，參加報名表上大抵不會問參加活動者，或參與醫療課程者的宗教信仰為何；即使知道是異教徒，也不會不讓他參加。這是宗教醫院裡有趣的醫療活動在宗教與非教徒之間的互動性現象。

臺灣現有的宗教醫院實則並不分來就診者的宗教信仰，反而會為異教徒做更多圓滿需求的改變。如筆者所見的實例是：一位一貫道信仰者，病逝於基督教醫院，依於家屬要求為亡者作七小時的佛教助念佛號，院方則早有為家屬之宗教需求而另闢一間隔音較佳之小房，以便佛教徒依循佛教慣例，作往生助念之用。如此的變通設備，卻又有別於宗教醫院的醫療活動與傳教，

而更符合尊重人性的需求。

現在較具知名的宗教團體,如基督教、佛教、道教,往往集結其自家所有能力建立宗教醫療院所,做為慈善事業之一環。思維不外有二:

一、形而外,以科學性醫療系統,讓醫療行為正名,免除「巫醫」之病名。

二、形於內,則以神祇教義為病患作祈禱,進而推廣教務,是很合理性的配合。因為現代知識的蛻變,人們也多明瞭身病、心病的區別,以及人助、神助的觀念,這是東、西文化中皆有思維。宗教團體建立醫院的動機,皆以其宗教教義為宗旨,而設立的醫療眾生病難的機構,都符合藥師佛十二大願的展現。

第三節　佛教之禮儀與治療

台灣各宗教皆有其各自的宗教儀式,而此儀式在教徒的心中都具有某程度的清淨心靈或治療業病、魔病的作用。

佛教在台灣的道場被統稱為寺廟,一般分別寺與廟,寺比較歸類於佛教的道場與體制,而宮與廟則比較被認同為道教的道場。佛教禮儀舉凡禮佛、頂禮、跪姿、上香、執持各種法器、服裝、行儀與法會的舉行儀式等皆有一套標準,亦或各寺院有其另行之標準儀式。禮儀形式的設立,是在為欲修行佛學者所建立的一套標準行儀,方不致散亂身心。如《佛教儀式須知》之敘(序)中言:

> 馬祖之建叢林,百丈之立清規。不外束身攝心而已。量以一切眾生,
> 從無始來,迷本心性,染習甚深,妄想情慮,障蔽明妙,身心放逸,
> 流浪生死,循環諸趣,輪轉五道,古德先賢,創制儀規,條分晰縷,
> 即以便於有志斯道者,隨宜遵守免入迷途也。證義記云,佛說戒律,
> 祖制規繩,條制三業,折服過非,所以養育才器,陶鑄聖凡。〔註16〕

《藥師經疏》中提及造幡、燃燈、持誦經典之功德,是依於經典內容而呈現具形式意義的禮儀,佛教在儀式進行中有各派別的形式與儀式器具,如佛教寺廟常見的磬、木魚、佛前之燈、幢幡、供花、供果等。經文中言,燃燈供佛有其無量功德,《華嚴經探玄記》中云:

〔註16〕釋慧舟等編:《佛教儀式須知》(臺北:佛教出版社,1988年4月),頁3。

瑜伽施諸燈明能感淨明。又燃燈功德經中，燒燈供養大滅罪生福令發願言，願能以大海爲油，須彌爲炷，燃大燈明，遍佛刹海，供養無休。又願以法性爲油，大智爲炷，燃大悲爲燈普曜世間。故經云：淨信心爲炷，慈悲爲香油，正念爲寶器，燃彼曜世燈。施湯藥令除病喜自，近得無病。〔註17〕

　　《百丈清規證義記》中說明燃藥師壜燈的擺設、安置，與五色幡的製作，儀式進行的必要時間規定，其莊嚴的儀式形式與度厄之說呈現一定的精神面：

　　　點藥師壜燈者。經云：若有病人，欲脫病苦，當爲其人，七日七夜；
　　　受持八分齋戒。（即八關齋戒）應以飲食，及餘資具，隨力所辦。供
　　　養苾芻僧，晝夜六時，禮拜行道，供養彼藥師瑠璃光如來，讀誦此
　　　經四十九遍，燃四十九燈，造彼如來形像七軀，一一像前，各置七
　　　燈，乃至四十九日，光明不絕。造五色彩幡，應放雜類眾生，至四
　　　十九日，可得過度危厄之難，不爲諸橫惡鬼所持。（據此經文。壇儀
　　　甚爲明易，今改作藥師塔燈，是依大灌頂部成式，若無塔燈，仍依
　　　經點。又若無七位佛像，亦可依七佛藥師經，而供七佛名位，上懸
　　　十二藥义大將五色神幡，及諸莊嚴。或誦經，或禮懺，或一日、三
　　　日、七日，乃至四十九日。隨齋主意，回向疏云）。〔註18〕

　　《藥師經疏》中說明造幡、燃燈供佛與供僧、供佛、供法的救脫苦厄方式，並簡說救脫文的次第分爲輕者四分、重者六分的分別：

　　　經。阿難至難信　二甚爲難諒。謂藥師如來名號功德是無分別智證
　　　如如成故。諸佛境界誠爲難信。〔註19〕

　　　經。爾時眾中至合掌曲躬　四救脫閏生文分爲四。一明清人。二明
　　　正清。三勸病修供。四結勸供養。此則初也。救脫者標請也。斯人
　　　悲纏蠢煩慈被合靈救見厄頃及恒沙脫當難念。過塵劫故名救脫。即
　　　從等者如前辨也。〔註20〕

　　　經。救脫至重病　二救脫答文分爲二。一明脫病。二明除難就初文

〔註17〕唐·法藏述：《華嚴經探玄記》卷8〈21 金剛幢菩薩迴向品〉，（CBETA, T35, no. 1733, p. 259, a3～10）。
〔註18〕清·儀潤證義作：《百丈清規證義記》卷5，（CBETA, X63, no. 1244, p. 419, a20 ～b5 // Z 2：16, p.335, b5～14 // R111, p. 669, b5～14）。
〔註19〕失作譯者：《藥師經疏》卷1，（CBETA, T85, no. 2767, p. 323, a17～19）。
〔註20〕失作譯者：《藥師經疏》卷1，（CBETA, T85, no. 2767, p. 323, b23～27）。

中文分爲六。一脫苦。二持齋。三修功。四造像。五續明。六造幡。
此則初也。〔註21〕

《藥師經疏》中詳細說明救脫儀式進行中，必須持守八分齋戒。以飲食
供養參與的比丘僧們，以作爲供養僧寶們辛苦執行救脫儀式的回饋。並以持
誦禮懺與一日之中作晝三時、夜三時合爲六時的禮拜壇場，以誠心供養諸佛。
再者於救脫儀式舉行期間之中讀誦經典四十九遍，以誦經做爲法供養。經疏
中說明：

> 經。當爲至八分齋　二持齋。謂七日夜爲於患人修行八禁。
>
> 經。當以飲食至比丘僧　三爲修功文分爲三。一教供養、二教禮懺、
> 三教諷誦，此則初也。當以飲食供養比丘者，是供僧寶。
>
> 經。晝夜至如來　二教禮懺。六時禮拜者，是供佛寶。
>
> 經。四十九遍讀誦此經　三教諷誦讀。誦此經者，是供法寶。〔註22〕

《藥師經疏》說明燃燈的數量、安置的正確位置，與燃燈供養的具象意
義是能照耀幽冥眾生，使能得到拔苦，並因燃燈而到獲福無量、二臨終明耀、
死得生天、當成正覺得四種功德利益。經云：

> 經。然四十九燈至大如車輪　四然燈。四十九者，總舉大數故。隨
> 願往生經云，燃四十九照諸幽冥，苦痛眾生蒙此光明，皆得相見，
> 緣此福德拔彼眾生悉得休息，造像七軀，明置像安燈方法。謂造七
> 軀像，像別自處一座，又造七輪燈，其輪形量大如車輪，一一像座，
> 前各置一輪燈，一一輪上各置七盞燈。如此供養已，依然燈功德經
> 得四種利益，一獲福無量，二二臨終明耀，三死得生天，四當成正
> 覺。〔註23〕

《藥師經》中提及多處「解脫」一詞，即是在強調《藥師經》恭敬供養
禮儀與治病的關係，如經中所言能解脫第九大願魔羂網與第十大願中王法繫
縛、刑戮等，皆得以解脫：

> 第九大願：願我來世得菩提時，令諸有情，出魔羂網，解脫一切外
> 道纏縛。

〔註21〕 失作譯者：《藥師經疏》卷1，（CBETA, T85, no. 2767, p. 324, b21～24）。
〔註22〕 失作譯者：《藥師經疏》卷1，（CBETA, T85, no. 2767, p. 324, b25～c4）。
〔註23〕 失作譯者：《藥師經疏》卷1，（CBETA, T85, no. 2767, p. 324, c5～14）。

第十大願：願我來世得菩提時，若諸有情，王法所錄，縲縛鞭撻，

繫閉牢獄，或當刑戮，及餘無量災難凌辱，悲愁煎迫，身心受苦；

若聞我名，以我福德威神力故，皆得解脫一切憂苦。〔註24〕

世間凡夫為欲解脫生、老、病、死、悲傷、或諸苦惱等，皆可以因為聽聞「藥師琉璃光如來」名號，至心皈依，皆可因為佛神力的加被而得到舒緩，最主要的原因，筆者認為應該是能具如佛的般若智慧，於自心中明瞭去我執的解脫。經中言：

曾聞世尊藥師琉璃光如來名號，由此善因，今復憶念，至心歸依。

以佛神力，眾苦解脫，諸根聰利，智慧多聞，恒求勝法，常遇善友，

永斷魔羂，破無明殼，竭煩惱河，解脫一切生、老、病、死，憂悲、

苦惱。

又有其他外來的災難，如盜賊反亂或更大範圍的他國侵擾。歷史中常有推翻前朝的叛軍反亂，或互相攻戰領土的戰役，於現今的國際新聞亦常有所聞，爭戰之亂，受傷害的總是無辜的小民，國家也會因戰亂而無法進步。佛法講求和平、智慧，若人們都能依於藥師佛的精神，則他國侵擾、盜賊反亂等怖畏則無從產生。如經中言：

若能至心憶念彼佛，恭敬供養，一切怖畏皆得解脫。若他國侵擾，

盜賊反亂；憶念恭敬彼如來者，亦皆解脫。〔註25〕

釋迦佛談藥師佛的功德，也一併的鼓勵居上位者，如帝后、妃主、儲君、王子、大臣、輔相、百官與諸多未聽聞的人民，如遇病患、危厄時皆能如十二藥叉所說的造五色幡、燃續命燈、燒香、誦經文、放生等方式，祈請藥師佛的護佑以解脫眾難。《藥師經》中言：

阿難！若帝后、妃主、儲君、王子、大臣、輔相、中宮婇女、百官、

黎庶，為病所苦，及餘厄難；亦應造立五色神幡，然燈續明，放諸

生命，散雜色華，燒眾名香，病得除愈，眾難解脫。〔註26〕

最為神妙的是，《藥師經》中十二藥叉大將應允，只要家戶之中有《藥師

〔註24〕唐‧玄奘譯：《藥師琉璃光如來本願功德經》卷1，（CBETA, T14, no. 450, p. 405, b9～17）。

〔註25〕唐‧玄奘譯：《藥師琉璃光如來本願功德經》卷1，（CBETA, T14, no. 450, p. 407, a4～6）。

〔註26〕唐‧玄奘譯：《藥師琉璃光如來本願功德經》卷1，（CBETA, T14, no. 450, p. 407, c23～27）。

琉璃光如來本願功德經》經書，又能受持藥師名號，恭敬供養三寶者，即與其無量眷屬護衛此人，使他解脫一切苦難，就在於信守護衛藥師法門的誓句。經中云：

> 若有流布此經，或復受持藥師琉璃光如來名號，恭敬供養者，我等眷屬衛護是人，皆使解脫一切苦難；諸有願求，悉令滿足。或有疾厄求度脫者，亦應讀誦此經，以五色縷，結我名字，得如願已，然後解結。〔註27〕

「解脫」一辭，是對有諸多我執的眾生而言，若能憶念藥師佛的利他精神，能放下我執的枷鎖，即「當下解脫」一切憂愁纏縛，而得自在，這也是悟得《藥師琉璃光如來本願功德經》經文無形功德的顯現。

一、佛教疾病的產生與解脫

世間醫學所要醫治的多是人們生理與心理上的疾病，因為身體生理上的疾病可能導致心理上的疾病。如久病在床的人，若心情不能獲得平衡的狀態下，容易產生憂鬱自殺的傾向。反之，心理上的疾病也可能導致生理上的疾病，如沉溺賭博或電玩者，容易因久坐不起而得心血管、或筋骨方面的疾病。身、心是一體的兩面，息息相關，所以應二者兼顧。時下提倡身、心、靈健康者，對身、心二者兼顧的倡導不遺餘力。因此，醫師要有相當的素養，才能在為病人治病時，兼顧到病人的身、心狀況發展，方能給予病人適切的醫療。

（一）身病的產生

中國傳統醫書《金匱要略》，第一篇藏府、經絡先後病脈證，開宗明義道：

> 夫人稟五常，因風氣而生長。風氣雖能生萬物，亦能害萬物，如水能浮舟，亦能覆舟。若五藏元真通暢，人即安和，客氣邪風，中人多死。千般疢難，不越三條：一者，經絡受邪入藏府，為內所因也。二者，四肢九竅，血脈相傳，壅塞不通，為外皮膚所中也。三者，房屋、金刃、蟲獸所傷。以此詳之，病由都盡。
>
> 若人能養慎，不令邪風干忤經絡。適中經絡，未流傳府藏，即醫治之。四肢纔覺重滯，即導引、吐納、針灸、膏摩、勿令九竅閉塞。更能無犯王法，禽獸災傷，房室，勿令竭乏，服食，節其冷熱、酸

〔註27〕唐·玄奘譯：《藥師琉璃光如來本願功德經》卷1，（CBETA, T14, no. 450, p. 408, b8～13）。

苦、辛甘。不遺形體有衰，病者無由入其腠理。〔註28〕

此說明身病之由來，並明示古人養生之道。其下之註解中亦重申：

> 人氣不正者，由七情動中，服食不節，房慾過度，金刃蟲獸，傷其
> 氣血，盡足以受病也。天氣不正者，由四時不和，八風不常，盡足
> 以傷萬物也。〔註29〕

由風、寒、暑、濕等四季不調，或外力所引發身體不適的疾病，便稱為「身病」，而「身病」是一般行醫者，可以用醫療方式治癒的疾病。中醫的診斷學中把中國的五行木、火、土、金、水相應於人體五臟腑之病症，常見的五行症狀、相對應的臟腑、所主的生理功能、病理表現與機能現象，以簡表呈列如下：

五行	臟腑	生理功能	病理表現	機能現象
木	肝	主疏泄、藏血，肝陽易升動。	脅痛、黃疸、失血、眩暈、抽搐。	「諸風掉眩、皆屬肝」。〔註30〕猶內分泌、淋巴免疫系統。
火	心	主血脈、藏神。	心悸、脈結代、神志昏亂。	各種原因引起心的陰陽氣血失調、血脈運行失常、精神情志改變。猶今之心血管、神經系統、情智反應。
土	脾	主運化，胃主受納、腸主傳化糟粕	嘔吐、腹脹滿、泄瀉，脾、胃、腸之症。	主腐熟水穀、運化精微、傳化糟粕。今之消化、淋巴免疫系統。
金	肺	主氣，肺氣宣散、肅降、外合皮毛	咳嗽、氣喘、衛表不固。	「五臟六腑皆令人咳，非獨肺」、「諸氣賁鬱，皆屬於肺」。〔註31〕呼吸、皮膚系統。
水	腎	主水液氣化、藏精主骨、生髓	水腫、尿閉、遺尿、遺精、腰腳酸軟、行動遲緩。	精隨不足、生殖機能減退，水液代謝、排泄障礙。統合泌尿、生殖、骨骼、肌肉系統。

筆者製表〔註32〕

〔註28〕李一宏編：《金匱要略》（臺北：明師出版，1996年11月，初版），頁1～2。
〔註29〕李一宏編：《金匱要略》（臺北：明師出版，1996年11月，初版），頁5。
〔註30〕馬建中：《中醫診斷學》〈素問‧至真要大論〉（臺北：正中書局，1980年），頁173。
〔註31〕馬建中：《中醫診斷學》〈素問‧咳論〉、〈素問‧至真要大論〉（臺北：正中書局，1980年），頁160。
〔註32〕馬建中：《中醫診斷學》（臺北：正中書局，1980年），頁155～175。

如上一表，僅是簡單說明中國五行相應之病症，然而在佛教經典中有與其相呼應之醫學原理存在。如《治禪病祕要法》一文中治火大因而得頭痛、眼痛、耳聾，及其治法。文中載：

> 復次舍利弗，若行者，入火三昧，節節火焰，大腸小腸，一時火起，燒動火脈。出定時，頭微微痛，諸脈攣縮，眼赤耳聾，因是發病，當疾治之。〔註33〕

又如《法句經》第十七，指人因心病之有無與禍福相關連：

> 吉人行德，相隨積增，甘心爲之，福應自然。
>
> 妖孽見福，其惡未熟，至其惡熟，自受罪虐。
>
> 貞祥見禍，其善未熟，至其善熟，必受其福。
>
> 擊人得擊，行怨得怨，罵人得罵，施怒得怒。
>
> 世人無聞，不知正法，生此壽少，何宜爲惡。〔註34〕

《釋禪波羅蜜次第法門》中說明四大增旺時所產生的病症、五臟生病、五根中患，所生病的各種症狀：

> 今明治病法中，即爲二意，一明病發相，二明治病方法。病發雖復多途，略出不過三種，一者四大增動病相、二者從五臟生病、三者五根中病。略明四大病者：
>
> 地大增故，腫結沈重身體枯瘠，如是等百一患生。
>
> 水大增故，痰癊脹滿，飲食不消，腹痛下利等，百一患生。
>
> 火大增故，煎寒壯熱，支節皆痛，口爽大小行不通利等，百一患生。
>
> 風大增故，虛懸戰掉，疼痛轉筋，嘔吐嗽氣急，如是等百一患生。
>
> 故經云：一大不調，百一病惱，四大不調，四百四病一時俱動四大病發，各有相貌，當於坐時及夢中察之，其相眾多，不可具記。
>
> 〔註35〕

《釋禪波羅蜜次第法門》中說明五臟生病所產生的症狀，但也可能臟腑之間相生、相剋的互相牽連關係，以致產生病證的現象並非純然一種症狀，

〔註33〕宋‧京聲譯：《治禪病祕要法》卷2，（CBETA, T15, no. 620, p. 338, c13～16）。

〔註34〕法救撰，吳‧維祇難等譯：《法句經》卷1〈17 惡行品〉，（CBETA, T04, no. 210, p. 564, c25～p. 5, a2）。

〔註35〕隋‧智顗說，法慎記：《釋禪波羅蜜次第法門》卷4，（CBETA, T46, no. 1916, p. 505, b19～c11）。

是故僅述說較爲明顯的臟病症狀：

> 二次明五臟生患之相：
>
> 從心生患者，多身體寒熱口燥等，心主口故。
>
> 從肺生患者，多身體脹滿，四支煩疼，悶鼻塞等，肺主鼻故。
>
> 從肝生患者，多喜愁憂不樂，悲思瞋恚，頭痛眼痛疼闇等，肝主眼故。
>
> 從脾生患者。身體面上遊風，通身瘖瘮，癢悶疼痛，飲食失味，脾主舌故。
>
> 從腎生患者，或咽喉噎塞，腹脹耳滿，腎主耳故。
>
> 五臟生患眾多，各有其相，於坐時及夢中察之可知，其相眾多（云云），不可具記。〔註36〕

《釋禪波羅蜜次第法門》細說五根眼、耳、鼻、舌、身等最爲明顯的症狀。五根的症狀產生，似是現代人最常患的疾病，文中言：

> 三次略明五根中患相：
>
> 身患者，身體卒痛，百節酸疼、瘡痒等。
>
> 舌患者，瘡強急，飲食失味等。
>
> 鼻患者，鼻塞寶及流濃涕等。
>
> 耳患者，耳滿疼聾及或時嘈嘈然作聲等。
>
> 眼患者，眼懸視疏梳及瞖闇疼痛等。〔註37〕

《釋禪波羅蜜次第法門》說明如上所述四大、五臟、五根所生之病患，有內、外之因，外因有因寒、熱、飲食所起，內因則起於心性之不調而致病，此是內發之病：

> 如是四大五臟五根病患，因起非一，病患眾多，不可具說。問曰：五根之患，無異五臟內外相因，今何以別說。答曰：爲坐中別有治法故，須別說其相，行者若欲修禪脫有患，應當善自知因起，三種病通因內外發動，若外傷寒冷熱風，飲食不慎，而病從三處發者，

〔註36〕隋・智顗說，法慎記：《釋禪波羅蜜次第法門》卷4，（CBETA, T46, no. 1916, p. 505, c2〜11）。

〔註37〕隋・智顗說，法慎記：《釋禪波羅蜜次第法門》卷4，（CBETA, T46, no. 1916, p. 505, c11〜15）。

當知因外發。若用心不調，觀行違僻，或內心法起，不知將息，而
致此三處病發，此因內發。〔註38〕

中醫明典《四診心法》歌訣中說明色病相合，本臟自病，虛實之診法一
文中詳載：

五行五色，青赤黃白，黑復生青，如環常德。〔註39〕

其註解說明：此明天以五行，人以五臟，化生五色，相生如環之長德也。
木主化生青色，火主化生赤色，土主化生黃色，金主化生白色，水主化生黑
色。肝主化生青色，心主化生赤色，脾主化生黃色，肺主化生白色，腎主化
生黑色。

肝病喜怒，面色當青。左有動氣，轉筋脇疼。諸風掉眩，疝病耳聾，
目視慌慌，如將捕驚。〔註40〕

所謂「肝病喜怒」，其註解中說明：「怒者肝之志，故病好怒也。青者肝
之色，故病則面色當青。肝之部位在左，故病則左脇有動氣。……肝虛則膽
薄，故不時而有如人將補之驚。」〔註41〕

又「心病」則《四診心法》歌訣中說：

心赤善喜，舌紅口乾，臍上有動氣，心胸痛煩。健忘驚悸，怔忡不
安。實狂昏冒，虛悲悽然。〔註42〕

其註解中說明：「喜者心之志，故病者好喜也。赤者心之色，故病者面色
赤也。心開竅於舌，故病則舌赤紅也。心主熱，故病則口乾心煩也。心之部
位在上，故病者臍上有動氣也。胸者心肺之宮城也，故病者心胸痛也。健忘
驚悸怫忡，皆心神不安之病也。熱乘心實，則發狂昏冒也。神怯心虛，則凄
然好悲也。」〔註43〕

〔註38〕隋・智顗說，法慎記：《釋禪波羅蜜次第法門》卷4，（CBETA, T46, no. 1916, p.
505, c15～23）。

〔註39〕清・吳謙纂修，馬建中編著：《中醫診斷學》〈四診心法要訣〉（台北：國立編
譯館，1998年6月，初版十五刷），頁253。

〔註40〕清・吳謙纂修，馬建中編著：《中醫診斷學》〈四診心法要訣〉（台北：國立編
譯館，1998年6月，初版十五刷），頁260。

〔註41〕清・吳謙纂修，馬建中編著：《中醫診斷學》〈四診心法要訣〉（台北：國立編
譯館，1998年6月，初版十五刷），頁260。

〔註42〕清・吳謙纂修，馬建中編著：《中醫診斷學》〈四診心法要訣〉（台北：國立編
譯館，1998年6月，初版十五刷），頁260。

〔註43〕清・吳謙纂修，馬建中編著：《中醫診斷學》〈四診心法要訣〉（台北：國立編
譯館，1998年6月，初版十五刷），頁260～261。

其他臟器的症狀在《四診心法》中載明：

> 脾黃善憂，當臍動氣，善思食少，倦怠乏力。復滿腸鳴，痛而下利，
> 者身重，脹滿便閉。

> 肺白善悲，臍右動氣，灑淅寒熱，咳唾噴嚏。喘呼氣促，膚痛胸痺，
> 虛者氣短，不能續息。

> 腎黑善恐，臍下動氣，腹脹腫喘，溲便不利。腰背少腹，骨痛欠氣，
> 心懸如飢，足寒逆冷。〔註44〕

中醫說明人若性情暴躁，容易產生怒氣（好怒），生氣時常顯現「面色鐵青」的形狀，如此則容易有肝臟病症的產生，會在自身右邊脅肋部分，常有悶痛或抽痛的感覺。又，現代醫學說明，人若生氣時，常會使血壓上升，以致面紅耳赤，不知五行病色之人，會以為此人是有喜事的紅色面容。若經常生氣則容易常因血壓的上升，而得高血壓症狀，如頭昏、心胸痛等現象，這是一切心血管疾病產生的重要原因之一。以此依次類推中醫之五行相生法則，木生火，火生土，土生金，金生水，水生木，如是依次循環。

是故佛法中常教人以「安」、「忍」，則不僅有益眾生，亦有益於自己的身、心。《法句經》〈慈人品第七〉：

> 不殺為仁，慎言守心，是處不死，所適無患。
> 彼亂已整，守以慈仁，見怒能忍，是為梵行。
> 至誠安徐，口無麤言，不瞋彼所，是謂梵行。
> 垂拱無為，不害眾生，無所嬈惱，是應梵行。
> 常以慈哀，靜如佛教，知足知止，適度生死。〔註45〕

（二）業病的產生

「業」梵語羯摩（Karma）身、口、意善惡無記之所作也。其善性、惡性、必感苦樂之果，故謂之「業因」。其在過去者，謂之「宿業」，現在者謂之「現業」。

《俱舍論》〈第四分別業品〉中說明身、語、意業的定義：

> 分別業品者，造作名「業」。……此所由業，其體是何者？釋第二句，

〔註44〕清・吳謙纂修，馬建中編著：《中醫診斷學》〈四診心法要訣〉（台北：國立編譯館，1998年6月，初版十五刷），頁261。

〔註45〕法救撰，吳・維祇難等譯：《法句經》卷1，〈7 慈仁品〉，（CBETA, T04, no. 210, p. 561, b18～24）。

此即問。謂心所思至，謂思所作者。答，思業謂心所思，思即是業，故名「思業」。思已業謂思所作。身、語二業思之所作業，由思已作謂思已業。如是二業置身、語、意業者。……由所依身，故立身業。色彩聚積總名爲「身」，此業依身故名「身業」。由自性故立語業，業性即語，故名「語業」。由等起，故立「意業」，意謂意識，業即謂思。〔註46〕

佛家認爲一切疾病的主要原因在於過往之妄想與癡愛，致使今生煩惱多加，再遇環境和惡緣，便使病生於種種助緣的結集，其宗旨也是在勸誡世人，善待他人，方不致招來世之業病。《維摩詰所說經》云：

從癡有愛，則我病生。〔註47〕

今我此病，皆從前世妄想顛倒諸煩惱生，無有實法，誰受病者！所以者何？四大合故，假名爲身；四大無主，身亦無我；又此病起，皆由著我。〔註48〕

何謂病本？謂有攀緣，從而攀緣，則爲病本。〔註49〕

業報所感病相有因前世所造的惡業，今生感受惡病的報應；也有因今生破戒，帶動前世業力而產生的疾病。《佛說輪轉五道罪福報應經》記載：

爲人短小輕慢人故；爲人醜陋喜瞋恚人故；

生無所知不學問故；爲人頑愚不教人故；

爲人瘖瘂謗毀人故；爲人聾盲不視經法不聽經故；

爲人奴婢負債不償故；爲人卑賤不禮三尊故；

爲人醜黑遮佛前光明故；生在裸國輕衣撘摸精舍故；〔註50〕……

《法句經》中亦有多處提到業病產生及免除的方法，如〈刀杖品〉中言無加害於他人，則自己亦無怨敵：

〔註46〕唐・普光述：《俱舍論記》卷13，〈4 分別業品〉，（CBETA, T41, no. 1821, p. 200, b6～p. 201, a9）。

〔註47〕姚秦・鳩摩羅什譯：《佛說維摩詰經》卷1，〈5 諸法言品〉，（CBETA, T14, no. 474, p. 525, c7）。

〔註48〕姚秦・鳩摩羅什譯：《維摩詰所說經》卷2，〈5 文殊師利問疾品〉，（CBETA, T14, no. 475, p. 544, c27～p. 545, a2）。

〔註49〕姚秦・鳩摩羅什譯：《維摩詰所說經》卷2，〈5 文殊師利問疾品〉，（CBETA, T14, no. 475, p. 545, a17～18）。

〔註50〕劉宋・求那跋陀羅譯：《佛說輪轉五道罪福報應經》卷1（CBETA, T17, no. 747b, p. 563, c20～26）。

刀杖品者，教習慈仁，無行刀杖，賊害眾生。

一切皆懼死，莫不畏杖痛，恕己可為譬，勿殺勿行杖。

能常安群生，不加諸楚毒，現世不逢害，後世長安隱。……

不當麤言，言當畏報，惡往禍來。

刀杖歸軀，出言以善，如叩鐘磬。……

自顏以修法，滅損受淨行，杖不加群生，是沙門道人。

無害於天下，終身不遇害，常慈於一切，熟能與為怨。〔註51〕

〈忿怒品〉中說明慈心溫柔者，上天必護佑之，也必受人們愛戴，並且福喆與喜悅也常會隨之而來，經中云：

忿怒品者，見瞋恚害，寬弘慈柔，天佑人愛。

忿怒不見法，忿怒不知道，能除忿怒者，福喜常隨身。

貪婬不見法，愚癡意亦然，除婬去癡者，其福第一尊。〔註52〕

《分別善惡報應經》中云因為前世所為善或不善之業，而成為今世所具現前之業報：

爾時佛告長者言：「汝應善聽，一切有情造種種業，起種種惑。眾生業有黑白，果報乃分善惡。黑業三塗受苦，白業定感人天。又業有分限命乃短長。復次補特伽羅有業，多病少病，端顏醜陋。或復有業補特伽羅，富貴貧窮、聰明智慧、根頓愚聞。或復有業補特伽羅，生三惡趣。或復有業（補特伽羅）生欲界人天乃至有頂。……或復有業補特伽羅，形貌端嚴光潤愛樂，或復醜陋麁澁嫌厭。或復有業補特伽羅，諸根具足不具足等。」〔註53〕

《釋禪波羅蜜次第法門》中說明因魔所生病、業所生病的原因：

復次行者應知得病有三種不同。一者四大增損故病，如前說，二者鬼神所作，及因魔事觸惱故得病。三者業報所得病，如此等病，初得即治，甚易得差，若經久則病成身羸，治之則為難愈。二正明治

〔註51〕法救撰，吳・維祇難等譯：《法句經》卷1，〈18 刀杖品〉，（CBETA, T04, no. 210, p. 565, b2～23）。

〔註52〕法救撰，吳・維祇難等譯：《法句經》卷2，〈25 忿怒品〉，（CBETA, T04, no. 210, p. 568, a3～7）。

〔註53〕宋・天息災譯：《分別善惡報應經》卷1，（CBETA, T01, no. 81, p. 896, b29～c17）。

病方法者，既深知病源起發，當作方法治之。

佛教將疾病分成，由前世所爲之業力形成的疾病稱爲「業病」，「業病」是不易發覺及根治的病。「業病」有成爲外身病症的，在醫療體系上多屬難治或醫治甚久方能治愈的疾病。而身、心病症如《摩訶止觀》所云鬼病、魔病等，並非容易治癒的疾患：

> 鬼病者，四大五臟非鬼，鬼非四大五臟。若入四大五臟，是名鬼
> 病。……鬼亦不漫病人，良由人邪念種種事。……鬼但病身殺身。
> 〔註 54〕
>
> 魔病者與鬼亦不異，鬼但病身殺身，魔則破觀心，破法身慧命，起
> 邪念想，奪人功德，與鬼爲異。〔註 55〕

「業」爲造作之意，爲人之活動而表現於事相者。其時「諸行」之行，亦可包括業，故佛講法時，「業」說尚無重要地位，及《長阿含經》始特別加以發揮。心所構想曰「意業」，或「思業」，將所思發出口曰「語業」，付之於行爲曰「身業」，此名「三業」。以善、惡之因，必感苦、樂之果，名曰「業感」。《密藏寶鑰》中曰「夫災禍之興，略有三種：一時運，二天罰，三業感」。善惡之行爲，爲苦樂之因，又稱爲業因。其在過去者曰「宿業」，現在者曰「現業」。在意業而言，人之意志向某一方面活動而造成自己的特性，此特性所發出之作爲，其業力可以造成自己的命運，命運之好壞，名曰業果或業報。佛家謂業果、業報永遠不滅，但由「心能造業，心能轉業」之理而言，苟能修善，則宿昔之惡業苦報，亦可轉重爲輕。〔註 56〕

就自性所存於意識中之個人精神特質，其展現於今世，成爲今世身外相的特質，姑不論其輕重程度，皆由隱藏之「前識」所展現於今，猶前「業」之展現。如《藥師經》中所言：

> 曼殊室利，有諸眾生。不識善惡，唯懷貪吝，不知佈施，及施果報，
> 愚癡無智，闕於信根，多聚財寶，勤加守護。見乞者來，其心不喜，
> 設不獲已，而行施時，如割身肉，深深痛惜。復有無量慳貪有情，
> 積集資財，於其自身尚不受用，何況能與父母、妻子、奴婢作使，

〔註 54〕明·弘贊輯：《四分律名義標釋》卷 27，（CBETA, X44, no. 744, p. 613, b18～
　　　　c3 // Z 1：70, p. 410, a10～b1 // R70, p. 819, a10～b1）。
〔註 55〕智者著：《摩訶止觀》（臺南：湛然寺，2005 年 2 月，3 版），頁 785。
〔註 56〕周紹賢：《佛學概論》（臺北：臺灣商務書局，2001 年 5 月，增訂版第四刷），
　　　　頁 35。

　　及來乞者。彼諸有情從此命終，生惡鬼界或傍生趣。〔註57〕

　　此是眾生犯三毒中之「貪」而不自知，而於命終之時「生惡鬼界或傍生趣」之業報。尚有因破戒律、毀佛正見之墮地獄、鬼趣之業報。《藥師經》中云：

　　若諸有情，雖於如來受諸學處，而破尸羅；有雖不破尸羅而破軌則；有於尸羅、軌則雖得不壞，然毀正見；有雖不毀正見，而棄多聞，於佛所說契經，深義不能解了；有雖多聞而增上慢，由增上慢覆蔽心故，自是非他，嫌謗正法，爲魔伴黨。如是愚人，自行邪見，復令無量俱胝有情墮大險坑。此諸有情，應於地獄、傍生鬼趣，流轉無窮。〔註58〕

　　其他或有墮於畜生道者、阿修羅道者之業因，如：

　　若諸有情慳貪、嫉妒、自讚毀他。當墮三惡趣中，無量千歲受諸劇苦，受劇苦已，從彼命終來生人間，作牛、馬、駝、驢，恆被鞭撻飢渴逼惱，又常負重隨路而行；或得爲人，生居下賤作人奴婢，受他驅役恆不自在。〔註59〕

　　如上所述，種種身病、業病所產生的原因，讓身爲凡夫的眾生，一生之中脫不了病痛的牽纏。重要的是，應當具備醫學的基本知識與面對病症應有的正向思維，養成健康的生活起居方式，並有恆的關照身、心、靈健康，才是遠離致病的預防要道。

二、佛教醫療觀

　　「藥師佛思想」係指《藥師經》中所言，藥師琉璃光如來佛未證佛位前所立下之十二大願，此十二大願所代表的藥師佛仁人濟世思想。而就此思想而言，不僅能拔除有信心於藥師佛信仰的人的苦難，並且依藥師佛十二大願而行救濟他人者，是一種以「大醫者心」——佛心，以慈悲心醫治他人，使其能獲得永恆的離苦得樂。要言之，即是藥師佛法思想的醫療觀。

〔註57〕唐・玄奘譯：《藥師琉璃光如來本願功德經》卷1（CBETA, T14, no. 450, p. 405, c11〜19）。

〔註58〕唐・玄奘譯：《藥師琉璃光如來本願功德經》卷1，（CBETA, T14, no. 450, p. 405, c25〜p. 406, a4）。

〔註59〕唐・玄奘譯：《藥師琉璃光如來本願功德經》卷1（CBETA, T14, no. 450, p. 406, a13〜18）。

《藥師琉璃光如來本願功德經》亦提出佛教醫學觀：

> 若諸有情，好喜乖離，更相鬥訟，惱亂自他，以身語意造作增長種
> 種惡業，展轉常為不饒益事，互相謀害，……是諸有情，若得聞此
> 藥師琉璃光如來名號，彼諸惡事悉不能害。一切輾轉皆起慈心，利
> 益安樂無損惱意即嫌恨心，個個歡悅，於自所受，生於喜足，不相
> 侵凌，互為饒意。〔註60〕

《藥師經》中尚列出「九橫死」說，是世間比較常見的九種不可預知之
危厄，此九種危厄被認為是「橫死」方式，是因為皆非一般人心中所想要臨
終的方式。以佛家所能解釋的原因，俱是前世因緣業力所致，《藥師經》中所
言九橫是：

> 大德，汝豈不聞如來說有九橫死耶。……
> 愚癡迷惑信邪倒見，遂令橫死入於地獄，無有出期，是名初橫；
> 二者橫被王法之所誅戮；
> 三者畋獵嬉戲，耽婬嗜酒放逸無度，橫為非人奪其精氣；
> 四者橫為火焚；
> 五者橫為水溺；
> 六者橫為種種惡獸所噉；
> 七者橫墮山崖；
> 八者橫為毒藥、厭禱、呪起尸鬼等之所中害。
> 九者飢渴所困，不得飲食，而便橫死。
> 是為如來略說橫死有此九種，其餘復有無量諸橫，難可具說。〔註61〕

原《藥師琉璃光如來本願功德經》所說「九橫」並不是中國傳統思想中
的善終方式，但於《藥師經疏》一文中對「九橫」的死亡方式與如何遠離危
惡作精簡的解說：

1、因身體的病症為尋求醫藥卻不得良醫、不得對證之藥，有因輕微之病
症，食之非藥而致死劫，是為不當死亡之橫災，於此稱為初橫。

> 若修醫道順方治病，更增他疾，或復致死。若自有病無人救療，設

〔註60〕唐・玄奘譯：《藥師琉璃光如來本願功德經》卷1（CBETA, T14, no. 450, p. 406,
a24～b5）。

〔註61〕唐・玄奘譯：《藥師琉璃光如來本願功德經》卷1（CBETA, T14, no. 450, p. 407,
c29～p. 408, a18）。

服良藥而復增劇，所患雖輕實不應死而便橫死，是爲初橫。〔註62〕

2、因殺生之業報，而得致枉受王法刑戮或因病之橫死。若能得順緣修持善業而驅禍得福，則可得過度橫難。

> 第二橫者王法所殺。二枉被王刑，此人壽命是不定業，亦是殺生增
> 上果故。涅槃經云：殺生之人得兩種報，一者短命、二者多病，若
> 遇順緣修福等資助不受王戮得壽命長；若不修福曩昔殺緣則被王
> 害，不得長壽故名橫死。〔註63〕

3、因無知過度放逸自身而致橫死者，常是因爲玩到忘我，而致精疲力盡產生的意外，可因收斂放逸之心，志心修持善業而得證涅槃果。

> 第三至害其魂魄。三放逸亡魂，言放逸者，依涅槃經第八卷説，謹
> 慎無放逸，是處名甘露。放逸不謹慎是名爲死句。若不放逸者，則
> 得不死處；如其放逸者，常趣於死路。若放逸者，名爲有法，是有
> 爲法爲第一苦。不放逸者，則名涅槃。〔註64〕

4、爲火焚之橫難而死者，因火焚有天災與人禍的區別，若可以因得順緣而修福增加善的果報，則能過度火厄之橫難死業。

> 第四橫者爲火所燒。四火來焚燒。此人不定壽業，是焚燒眾生增上
> 果。若遇順緣資助，則不爲火焚，壽命延長；如其不爾則爲火燒壽
> 命短促，故爲橫死。〔註65〕

5、爲水溺之橫死者，是每年夏季玩水者最易造成的災難。若可以因得順緣而修福增加善的果報，則能過度水溺之橫難死業。

> 第五橫者爲水所溺。五津流所溺。此人不定壽業，是沈溺眾生增上
> 果。若遇順緣修福等資助，則不爲水溺，壽命延長；如其不爾則爲
> 水溺，壽命短促，故爲橫死。〔註66〕

6、眾所週知皆當遠離猛獸，但仍有許多的意外爲惡獸所咬傷，若爲惡獸獅子、老虎、猛豹等所噉咬者，可以因得順緣而修福增加善的果報，則能過度惡獸噉咬之橫難死業。

> 第六橫者入師子虎豹諸惡獸中。六逢獸。六生此人不定壽業，是食

〔註62〕 失作譯者：《藥師經疏》卷1，（CBETA, T85, no. 2767, p. 326, b1～4）。
〔註63〕 失作譯者：《藥師經疏》卷1，（CBETA, T85, no. 2767, p. 326, b5～10）。
〔註64〕 失作譯者：《藥師經疏》卷1，（CBETA, T85, no. 2767, p. 326, b11～16）。
〔註65〕 失作譯者：《藥師經疏》卷1，（CBETA, T85, no. 2767, p. 326, c22～25）。
〔註66〕 失作譯者：《藥師經疏》卷1，（CBETA, T85, no. 2767, p. 326, c26～29）。

肉害眾生增上果。若遇順緣修福等資助，不爲惡獸等所噉，壽命延

長；如其不爾則爲獸所噉，壽命短促，故爲橫死。〔註67〕

7、因爲食糧不足而致飢餒命終之橫難者，如國際上仍有許多的災民因爲
糧食短缺而致餓死。若可以因得到順緣而修福增加善的果報，則能過度飢餒
之橫難，甚或得到豐足之飲食，而不致壽么。

第七橫者至因此致死。七飢餒壽終。此人不定壽業，是奪眾生食增

上果；若遇順緣修福等資助，飲食豐足壽命延長；如其不爾則飲食

因之，壽命短促。故爲橫死。〔註68〕

8、爲惡咒、毒藥之傷害而致橫死者，如今日時下的吸毒者，如同受了魔
咒一樣，不能自拔；若可以因得到順緣而修福增加善的果報，則能度過厭咒
毒藥的傷害，甚或仍可壽命延長。

第八橫者至之所損害。八起屍相損。此人不定壽業，是行毒藥厭呪

增上果。若遇順緣修福等資助，則不爲毒藥厭呪中害，壽命延長；

如其不爾則爲毒藥厭呪中害，壽命短促。故爲橫死。〔註69〕

9、橫死於投巖者，猶如今日跳樓尋短者一般的動作。若可以因得到順緣
而修福增加善的果報，修六度萬行，則能度過如投巖動作的傷害。或則說是
該人福澤尚在，命不該絕。世人當珍惜難得的人身，修福延壽。

第九橫者投巖取死。九山崖墜落。此人不定壽業是，陷墜眾生增上

果，若遇順緣修福等資助，則不墜巖壽命延長；如其不爾則壽命短

促，故爲橫死。〔註70〕

（一）身病解脫法

對於「身病」之解脫，《金匱要略》第一篇藏府、經絡先後病脈證中開宗
明義說明：

若人能養慎，不令邪風干忤經絡。適中經絡，未流傳府藏，即醫治

之。四肢纔覺重滯，即導引、吐納、針灸、膏摩、勿令九竅閉塞。

更能無犯王法，禽獸災傷，房室，勿令竭乏，服食，節其冷熱酸苦

辛甘。不遺形體有衰，病者無由入其腠理。〔註71〕

〔註67〕 失作譯者：《藥師經疏》卷1，（CBETA, T85, no. 2767, p. 327, a1～5）。

〔註68〕 失作譯者：《藥師經疏》卷1，（CBETA, T85, no. 2767, p. 327, a6～9）。

〔註69〕 失作譯者：《藥師經疏》卷1，（CBETA, T85, no. 2767, p. 327, a10～14）。

〔註70〕 失作譯者：《藥師經疏》卷1，（CBETA, T85, no. 2767, p. 327, a15～18）。

〔註71〕 清·吳謙等編纂，李一宏精編：《金匱要略》（臺北：明師出版，1996 年 11

此是中國傳統中醫教人平常養生之要道。

中國人重氣、血之順暢得免於疾病苦痛，養生第一大要唯「運動宜常」四字耳。若人們能常多運動，使氣血得以運轉通暢，不致瘀塞停滯，便無有疾病的產生。《針灸科學》中云：

> 中醫學說最重整體觀念，古人對人體之生理現象，內而臟腑，外而肌膚，凡頭面軀幹、四肢百骸，以及五官九竅、筋肉毛髮，各部組織器官之間，皆視為一個整體，而能負起溝通上、下、內、外之聯絡工作者，厥為經絡，故經絡為全身氣血運行之道路。氣指人體各部之機能，血指諸般體液，倘氣、血在經絡間有所留滯不通，必影響某部位之機能發生障礙，則為疾病。〔註72〕

以上為中國傳統中醫所主張的健身、養生、治病等基本重要原理。然而因為現代醫學的科學化，讓人們對自身生理的現象，能較中醫理論更深入淺出的認識自身的健康狀況。如下表列現代生理學中人體基本構造的十一大系統，清楚說明人體的構造組成與系統的功能。

人體由十一大系統組成，分別主持人體生存的各項主要功能，各系統功能若健全，自然感到神清氣爽，但任何一個系統若產生疾病，便會讓受病者產生煩惱與苦痛，醫者多會以此系統分類思索病因所在，對症下藥。下表是人體十一大系統，雖說是分類系統，但往往有一系統或器官產生疾病，也會連帶的使與之相關聯的系統也逐漸產生病症，這也就是為何現代人熱衷全面性身心健康與養生的理由，因為每一系統的健康都不能偏廢。人體十一大系統詳表列如下：

身體十一個主要系統的組成及功能〔註73〕

系統名稱	組成	功能
一、皮膚系統	皮膚及延生自皮膚的相關構造，如毛髮、指甲、汗腺及皮脂腺。	協助調節體溫、保護身體，移除一些廢物、協助製造 VitD、偵測如壓力、疼痛、熱和冷的感覺。

月，初版），頁1～5。

〔註72〕黃維三著：《針灸科學》（臺北：正中書局，1997年8月，臺初版八刷），頁4。

〔註73〕John Wiley & Sons,Inc. 陳金山、徐淑媛編譯：《簡明人體解剖學與生理學》（台北：合記出版社，2008年10月，初版三刷），頁4～5。

系統名稱	組成	功能
二、骨格系統	所有身體的骨格、相關的軟骨、關節。	支持並保護身體、協助身體運動、儲存血球細胞的幹細胞、以及儲存礦物質及脂肪。
三、肌肉系統	特別指骨骼肌系統，即附著至骨格上的肌肉，其他肌肉組織包括平滑肌及心肌。	產生動作、維持姿勢及產生熱能。
四、神經系統	腦、脊髓、神經疾如眼、耳等感覺器官。	經由神經衝動以及調節身體活動，以偵測、解釋環境的改變、並由肌肉的收縮或腺體分泌而對改變產生反應。
五、內分泌系統	所有會產生可能調節身體功能且稱作激素之化學物質的腺體與組織。	藉由血液而流經全身的激素作用在各種標的器官上，進而達到調解身體的功能。
六、心血管系統	血液、心臟及血管。	心臟將血液打出，使其在血管內流動；血液將氧氣及養分傳送給細胞，並將二氧化碳及廢物帶走，且協助調節體液的酸鹼值、溫度與水分含量；血液內成分可協助抵抗疾病及修復受損的血管。
七、淋巴及免疫系統	淋巴液及淋巴管、脾臟、胸腺、淋巴節與扁桃體，執行免疫反應的細胞（B細胞、T細胞及其他細胞）。	將蛋白質與體液重新送回血液內，將來消化道的脂質送回血液內，保護身體抵抗致病物質的B細胞、T細胞成熟與增生之處。
八、呼吸系統	肺臟及進出肺臟的通道，如咽、喉（聲帶）、氣管及支氣管樹等。	將吸入之空氣內的氧氣傳送至血液內，並將二氧化碳自血液送到將被呼出的的空氣中；協助調解體液的酸鹼值；流經聲帶的空氣可協助發聲。
九、生殖系統	生殖腺（卵巢及睪丸）與附屬器官；女性的輸卵管、子宮與陰道，男性的副睪、輸精管及陰莖，另外包括女性的乳房。	生殖腺可產生配子（精子或卵），兩者結合後形成一個新的個體；生殖腺也會釋放可調節生殖與其他功能的激素；其他器官可傳送及儲存配子；乳腺則可產生乳汁。

系統名稱	組成	功能
十、消化系統	腸胃道的器官包括口腔、食道、胃、小腸、大腸、直腸及肛門；也包括可協助消化步驟的附屬器官，如唾液腺、肝臟、膽囊及胰臟。	進行機械性與化學性的分解食物；吸收養分；排出固態廢物。
十一、泌尿系統	腎臟、輸尿管、膀胱及尿道。	產生、儲存及排出尿液；賠出血液的廢棄物及調節血液體積與化學組成；維持體內礦物質的平衡；協助調節紅血球的形成。

筆者製表

　　十一大類人體系統是西方生理學上的分類，但屬於無形的心理學上「情志系統」卻不在生理學上探討。凡具感官的動物，皆會因自己的感官與環境的接觸而有情緒的產生，若心理情緒受到壓抑，便產生鬱悶的情形，久之便會產生身體上器官的疾病，而身體上疾病的疼痛又復產生心理上的負擔，如此因循不已。

　　如北歐諸國在冬季有長達三到六個月的「永夜」狀況下，容易產生憂鬱情緒，及自殺率的升高。醫學研究證實，心理因素能通過神經、內分泌和免疫力三大系統而影響人體。人因五官神經的刺激產生心理上的情緒反應，可通過下視丘控制的荷爾蒙分泌而影響免疫系統的功能。如人的「七情」——喜、怒、憂、思、悲、恐、驚等情緒，都可使胸腺退化、干擾 T 細胞發育，抑制抗體反應和吞噬細胞的功能，及減少干擾素的產生，如此降低了人體的免疫功能，人體便容易產生莫名的病症。

　　若身病，尚有世間藥物可治；若心病，則須以法藥對治之。是故以藥分二種：

　　一、是治身病之物藥。中國自神農嘗百草以來，為物藥發源。於今世藥物品發展宏盛，，藥源製物含括大自然所有物，如草、木、金、土、炭、石、飛禽、走獸等植、礦、動物，甚或取諸人之排洩物，如中醫藥中之人中白、人中黃等，經過煉製後亦為治病良方。此乃依藥病本義而言。當「病」時為病，「藥」時為藥，非病時切不可亂服藥品，以免因不明藥性而招至他病，於此物藥之於身病的醫治方法，此屬「藥」的狹義解釋。

　　至於人身體的保健，歷代養生家各有醫方及其特殊養生方法，古文中之《千字文》既已蘊藏古人食、衣、住、行、育、樂等方面的養生術，列於下以爲參考：

　　食的養生法：「果珍李柰，菜重芥薑」「具膳餐飯，適口充腸，飽飫烹宰，飢厭糟糠」。

　　衣的養生法：「骸垢想浴，執熱願涼」。

　　住的養生法：「空谷傳聲，須堂習聽」、「索居閒處，沉默寂寥，求古尋論，散慮逍遙」。

　　行的養生法：「教友投分，切磨箴規，仁慈隱惻，造次弗離，節義廉退，顛沛匪虧」。

　　育的養生法：「耽讀翫市，寓目囊箱」。

　　樂的養生法：「矯手頓足，悅豫且康」、「布射遼丸，嵇琴阮嘯」。

　　心的養生法：「禍因惡積，福緣善慶，尺璧非寶，寸陰是競」。〔註74〕

　　「上工不治已病治未病」不惟是說醫術精湛者的醫術神妙，即便是上智者亦應注重日常生活之養生。「運動宜常」是鍛鍊身體筋、骨、肌、肉、氣、血保持身體健康的最佳左右銘；倘若不勤於動作，則氣、血凝滯，百病叢生。由是可見「運動宜常」是保持經絡通暢、氣血和順的身體保健要道。

　　二、是治心病之物藥。或有西醫所言之精神上所用之藥劑。但以佛教而言就心、靈上的醫療、保護多屬於「業病解脫」法要，是所以佛家告訴眾生「解脫」之道，便是由心理上的調適或捨棄致病的「我執」三毒心──貪、瞋、癡，使自心逐漸迴轉心境至於喜悅之道，心靈上獲得自在的解脫，身體的健康便能逐漸回復，或者獲得可見的改善狀況。

（二）業病解脫法

　　「業病」解脫法，如《藥師經疏》中所說：

> 第九橫者投巖取死。九山崖墜落。此人不定壽業是，陷墜眾生增上果，若遇順緣修福等資助，則不墜巖壽命延長；如其不爾則壽命短促，故爲橫死。〔註75〕

　　文中所謂「若遇順緣修福等資助」乃在強調若能得以遇難不死，則應修持身心，以增福緣，則或能免於墜巖而壽命延長。諸如此類，佛家謂業果業

〔註74〕喬衍琯著：《千字文今解》（台北，台灣新生報，1995年4月），頁14～16。
〔註75〕失作譯者：《藥師經疏》卷1，（CBETA, T85, no. 2767, p. 327, a15～18）。

報永遠不滅，但由心能造業，心能轉業之理而言，苟能「修善」，則宿昔之惡業苦報，亦可轉重爲輕。「修善」一辭自是言：若能以行爲動作行之於外，表現自心善的意識者，則能減抵惡業。能除去惡的果報、業病，或者能減輕自食惡果的方式是「修善」。

《法句經》中多所載述修善行除惡業的經文，如〈明哲品〉：

> 明哲品者，舉智行者，修福進道，法爲明鏡。
>
> 深觀善惡，心知畏忌，畏而不犯，終吉無憂。
>
> 故世有福，念思紹行，善至其願，福祿轉勝。
>
> 信善作福，積行不厭，信知陰德，久而必彰。〔註76〕

《法句經》〈惡行品〉言惡業滿盈於機緣成熟實則致敗亡，是故應修善充福：

> 凡罪充滿，從小積成，莫輕小善，以爲無福。
>
> 水滴雖微，漸盈大器，凡福充滿，從纖纖積。
>
> 士夫爲行，好知與惡，各自爲身，終不敗亡。〔註77〕

上述〈明哲品〉、〈惡行品〉中直言業果、業報，因人們行善、行惡之涓滴形成，終究得其果報，所謂因果不爽如佛家謂業果業報永遠不滅。但由於心能造業，心能轉業之理而言，苟能修善，則宿昔之惡業苦報，或可轉重爲輕。如《法句經》〈愛身品〉：

> 愛身品者，所以勸學，終有益己，滅罪興福。
>
> 人不持戒，滋蔓如藤，逞情及欲，惡行日增。
>
> 惡行爲之，愚以爲易，善最安身，愚以爲難。
>
> 如眞人教，以道法身，愚者疾之，見而爲惡。
>
> 行惡得惡，如種苦果，惡自罪受，善自受福。
>
> 亦各須熟，彼不自代，習善得善，亦如種甜。
>
> 自利利人，益而不費，欲知利身，戒聞爲最。
>
> 如有自憂，欲生天上，敬樂聞法，當念佛教。〔註78〕

〔註76〕法救撰，吳・維祇難等譯：《法句經》卷1〈14 明哲品〉，（CBETA, T04, no. 210, p. 563, c24～p. 564, a4）。

〔註77〕法救撰，吳・維祇難等譯：《法句經》卷1，〈17 惡行品〉，（CBETA, T04, no. 210, p. 565, a4～7）。

〔註78〕法救撰，吳・維祇難等譯：《法句經》卷1，〈20 愛身品〉，（CBETA, T04, no. 210, p. 565, c19～p. 566, a13）。

《法句經》〈述佛品〉言佛所言皆爲至善，應自淨意乃至究竟地：

> 述佛品者，道佛神德，無不利度，明爲世則。……
>
> 諸惡莫作，諸善奉行，自淨其意，是諸佛教。
>
> 佛爲尊貴，斷漏無婬，諸釋中雄，一群從心。
>
> 快哉福報，所願皆成，敏於上寂，自至泥洹。〔註79〕

業病因身、語、意所造作惡業而成，因經典說明業力產生之緣由與解脫方法，由此故，希望因薰習善業種子而去惡業，由是能福業增長，《俱舍論》〈分別業品〉中云：

> 福增長者，經部先代軌範師釋，由法爾力，薰習種子，福業增長。
> 〔註80〕

《思惟略要法》中提出法藥救心病法有五種：一是四無量觀法，二是不淨觀法，三是觀佛三昧法，四是法身觀法，五是十方念佛法。文中言：

> 形疾有三，風寒熱病爲患輕微。心有三病犯禍深重。動有數劫受諸
> 苦惱，唯佛良醫能位爲制藥。行者無量世界長嬰此疾，今始造
> 行。……凡求初禪先習諸觀，或行四無量心，或觀不淨，或觀因緣，
> 或念佛三昧，或安那般那，然後得入初禪則易。〔註81〕

文中說明「四無量觀法」，四無量即指慈、悲、喜、捨等四種修持法門：

> 求佛道者，當先行四無量心，其心無量，功德易無量。於一切眾
> 生，凡有三分，一者父母、親里、善知識等，二者怨賊、嫌人、
> 常欲惱害者。三者中人，不親不怨。……人之爲怨，已有惡緣，
> 惡因緣盡還復成親，怨親無定。何以故？今世是怨後世成親，瞋
> 憎之心自失大利。……於十方眾生「慈」心愛念，普遍世界。見
> 諸眾生無常便異，有老病死眾苦逼切。狷蜚蠕動皆無安者而起「悲
> 心」。若間眾生得今世樂及後世樂，得生天樂聖賢道樂而起「喜
> 心」。不見眾生有苦樂事，不憂不喜以慧自御，但緣眾生而起「捨
> 心」，是名「四無量心」。於十方眾生慈心遍滿，是名爲「無量」。

〔註79〕 法救撰，吳・維祇難等譯：《法句經》卷2，〈22 述佛品〉，（CBETA, T04, no. 210,
p. 567, a8～b4）。

〔註80〕 唐・普光述：《俱舍論記》卷13，〈4 分別業品〉，（CBETA, T41, no. 1821, p. 207,
a11～12）。

〔註81〕 姚秦・鳩摩羅什譯：《思惟略要法》卷1，（CBETA, T15, no. 617, p. 297, c20～
p. 298, a2）。

〔註 82〕

所謂「不淨觀法」，是指凡夫人身心俱是穢惡，應當速修大乘法門，經云：

> 貪欲、瞋恚、愚癡是眾生之大病，愛生著欲則生瞋恚，顛倒所惑即
> 是愚癡。愚癡所覆故內身、外身愛著浮相。習之來久染心難遣，欲
> 除貪欲，當觀不淨。……不淨觀者，當知此身生於不淨，處於胞胎，
> 還從不淨中出。〔註 83〕

所謂「觀佛三昧法」，是指時時意念佛號。此正是本文以藥師佛精神為主旨的修行法門，於後一章中所提「藥師佛修行法門」次第，即是「觀佛三昧法」的方法之一。其精要如《思惟略要法》經中云：

> 佛為法王能令人得種種善法，是故習禪之人先當念佛。念佛者，令
> 無量劫重罪微薄，得至禪定。至心念佛，佛亦念之。如人為王所念，
> 怨家債主不敢侵近，念佛之人，諸餘惡法不來擾亂，若念佛者，佛
> 常在也。……心住相者，坐臥行步常得見佛，然後更進生身、法身。

〔註 84〕

是故修持「藥師佛修行法門」即是念佛佛在，能令持念「藥師佛修行法門」者，業病使之輕減的法門之一。

《思惟略要法》經中的修行法要，如「法身觀法」、「十方諸佛觀法」、「諸法實相觀法」等三法旨要。經云：

> 「法身觀」者，已於空中見佛生身，當因生身觀內法身，十方、
> 四無所畏、大慈大悲無量善業，如人先念金瓶，後觀瓶內摩尼寶
> 珠。所以尊妙神智無比，無遠無近，無難無易，無限世界悉如目
> 前。〔註 85〕……
>
> 「念十方諸佛」者，坐觀東方，廓然明淨，無諸山河石壁。唯見一
> 佛結跏趺坐，舉手說法，心眼觀察，光明相好，晝然了了。繫念在

〔註 82〕姚秦・鳩摩羅什譯：《思惟略要法》卷 1，（CBETA, T15, no. 617, p. 298, a16～b6）。

〔註 83〕姚秦・鳩摩羅什譯：《思惟略要法》卷 1，（CBETA, T15, no. 617, p. 298, b19～24）。

〔註 84〕姚秦・鳩摩羅什譯：《思惟略要法》卷 1，（CBETA, T15, no. 617, p. 299, a4～27）。

〔註 85〕姚秦・鳩摩羅什譯：《思惟略要法》卷 1，（CBETA, T15, no. 617, p. 299, b10～14）。

佛，不令他緣。〔註86〕……

「諸法實相觀」者，當知諸法從因緣生，因緣生故不得自在，不自在故畢竟空相。……又一切法畢竟清淨，非諸佛聖賢所能令爾。但以凡夫未得慧觀，見諸虛妄之法有種種相，得實相者觀之如鏡中像，但誑人眼。其實不生亦無有滅。〔註87〕……

《佛說大乘隨轉宣說諸法經》經中說明解脫惡業纏縛之法，經云：

時彼世尊，說法教化三乘眾生。爲諸聲聞說四諦法，爲諸緣覺說十二因緣法，爲諸菩薩說六波羅蜜法，甚深微妙諸善法要，令諸大眾安住法中，各得解脫。〔註88〕

《大般若波羅蜜多經》提及法藥能作福、生慧的妙用，經云：

又，滿慈子！若諸菩薩隨起靜慮，作是思惟：『我應引發殊勝靜慮，由斯發起殊勝神通，知諸有情心行差別說授法藥，令脫惡趣生死眾苦；又爲調伏自身煩惱，與有情類作淨福田，堪任引發一切智智。』如是思惟隨修靜慮，一切皆用大悲爲首，常能發起隨順迴向一切智智相應之心，應知是名具戒菩薩。〔註89〕

至於佛教中所說四諦法、十二因緣法、六波羅蜜等法，見諸於各專經、論之中。今依次說明與醫療業病之關係於後。

1、四諦法

《佛說醫喻經》中提及四聖諦「法藥」，乃是佛法爲醫治終生心病的精神藥方：

如來‧應供‧正等正覺，亦復如是，出現世間，宣說四種無上法藥。何等爲四？謂苦聖諦、集聖諦、滅聖諦、道聖諦。如是四諦，佛如實知，爲眾生說，而令斷除生法。苦本生法斷故，而老病死憂悲苦惱，諸苦永滅。如來‧應供‧正等正覺爲是利故，宣說如是無上法藥，令諸眾生得離諸苦。諸苾芻，又如轉輪聖王，四兵具足，故得

〔註86〕姚秦‧鳩摩羅什譯：《思惟略要法》卷1，（CBETA, T15, no. 617, p. 299, c4～7）。

〔註87〕姚秦‧鳩摩羅什譯：《思惟略要法》卷1，（CBETA, T15, no. 617, p. 300, a12～23）。

〔註88〕宋‧紹德等譯：《佛說大乘隨轉宣說諸法經》卷1，（CBETA, T15, no. 652, p. 775, c23～27）。

〔註89〕唐‧玄奘譯：《大般若波羅蜜多經（第401卷～第600卷）》卷585，（CBETA, T07, no. 220, p. 1024, c21～28）。

如意自在，如來·應供·正等正覺亦復如是。〔註90〕

《大般涅槃經》說明四諦：

> 復次迦葉，又有聖行所謂四聖諦，苦、集、滅、道是名四聖諦。迦
> 葉，苦者逼迫相，集者能生長相，滅者寂滅相，道者大乘相。復次，
> 善男子，苦者現相，集者轉相，滅者轉相，道者能除相。……八相
> 名苦，所謂生苦、老苦、病苦、死苦、愛別離苦、怨憎會苦、求不
> 得苦、五盛陰苦。能生八苦法者，是名為集。無有如是八法之處，
> 是名為滅。十力、四無畏、三念處、大悲，是為道。〔註91〕

《大智度論》說明四諦云：

> 如是無量希有事，是名未曾有經，論議經者，答諸問者，釋其所以，
> 又復廣說諸義，如佛說四諦，何等為四？所謂四聖締，何等為四？
> 所謂：苦、集、滅、道聖締。〔註92〕

「四諦」，盡說人間之疾苦之因、果，並說明解脫苦疾之道。「四諦」是
聲聞乘所修之法門，包括苦諦、集諦、滅諦、道諦，四諦中的苦諦、集諦著
重在世間之因果，苦諦是世人癡迷之果，即苦果。集諦是癡迷之因，即苦因。
滅諦、道諦著重在出世間之因果，滅諦是證悟之果，即樂果。道諦是證悟之
因，即樂因。

人生有八苦，《涅槃經》曰：

> 所謂八苦：一生苦、二老苦、三病苦、四死苦、五所求不得苦、六
> 怨憎會苦、七愛別離苦、八五受陰苦。汝等當知，此八種苦，及有
> 漏法，以逼迫故，諦實是苦。〔註93〕

〔註90〕 宋·施互譯：《醫喻經》卷1，（CBETA, T04, no. 219, p. 802, b11～19）。

〔註91〕 北涼·曇無讖譯：《大般涅槃經》卷12，〈7聖行品〉，（CBETA, T12, no. 374, p. 434, c22～p. 435, a7）。

〔註92〕 龍樹造，後秦·鳩羅摩什譯：《大智度論》卷33，〈1序品〉，（CBETA, T25, no. 1509, p. 308, a16～19）。

〔註93〕 東晉·法顯譯：《大般涅槃經》卷1，（CBETA, T01, no. 7, p. 195, b19～22）。

又有十苦，《大寶積經》中云，人生除生、老、病、死之苦外尚有愁、怨恨、憂、痛惱、生死流轉等十種苦：

> 爾時世尊告賢守長者曰。長者當知。我觀世間一切眾生。為十苦事之所逼迫。何謂為十。一者生苦逼迫。二者老苦逼迫。三者病苦逼迫。四者死苦逼迫。五者愁苦逼迫。六者怨恨逼迫。七者苦受逼迫。八者憂受逼迫。九者痛惱逼迫。十者生死流轉大苦之所逼迫。〔註94〕

此是世間無量種種苦之概括分類，無論何人，皆不能倖免；所以世間是一大「苦諦」。

推量苦之源來，在於「集諦」。「集」，聚集也，以集起為義；苦不能自生於無有，必有集起之因。集之主因為「惑」，乃分二類，一、見惑，是心起煩惱，迷妄相續。二、思惑，是心著垢染，繫縛不脫之意。見惑、思惑為一切苦之所由集，是名為「集諦」。集為苦之根本，苦、集二者為流轉於世間的因果；知苦而斷集，斷集以離苦，為聲聞乘所以厭離世間的觀行。

欲斷見、思二惑之法，在進求菩提之道這是「道諦」。「道」，以能通為義，通達於涅槃之道，而要旨在於修戒、定、慧三無漏之學。修戒以防非遏過，修定以息慮靜緣，修慧以破惑證真。三者之中，戒有專條，定有專法，今不具述，慧者以我空為歸。欲明「我空」之理，須返觀自身一切皆是不淨，所受一切悉皆是苦，自心所念皆是無常，觀一切法悉皆無我。修此四觀，名四念住〔註95〕。此為小乘修行的要義，此外尚有五停心觀、十六行相等觀行，皆屬於此道諦。

四諦的順序是先由「苦諦」以厭離生死，次由「集諦」以斷除煩惱，再由「滅諦」以明涅槃果，更由「道諦」以修涅槃因；直至見惑、思惑都斷盡了，即證聲聞乘極果的稱號；即證得此果，便永不受生死，離諸輪迴苦趣。

〔註94〕 唐・菩提流志譯：《大寶積經》卷35，〈1 開化長者品〉，（CBETA, T11, no. 310, p. 196, a22～27）。

〔註95〕 四念住。舊曰四念處，新曰四念住。「何謂四念住，謂身念住、受念住、心念住、法念住。於內身、外身、內外身等不起尋思，具正念知，為欲調伏世貪憂等，住集滅觀無所依止」。明・曾鳳儀宗通：《楞伽經宗通》卷5，（CBETA, X17, no. 330, p. 716, c24～p. 717, a3 // Z 1：26, p. 282, a6～9 // R26, p. 563, a6～9）。此四念處以（智）慧為體，慧之力能使念身、受、心、法所觀之處，故名「念處」。

〔註96〕四諦法，即由苦諦、集諦、滅諦、道諦依次修行，直至見、思二惑斷盡，即證聲聞道果德之稱號，證此果德者永不受生死，離諸輪迴苦趣。

2、十二因緣

「十二因緣」，此是世間生死流轉的因緣，證明三世流轉之理，滅除一切惑業果報，這便是緣覺修行的法門。此十二因緣具三世的因果（如下表），即眾生前世以無明與行爲因，演成現世的識及名色等五果；現世又種愛、取、有的因，更受生、死果於來世。〔註97〕

《十二因緣論》中詳解十二因緣之困惑，論中云：

問曰：「何者爲煩惱？何者爲業？何者爲苦？而得有此諸因緣法勝分攝成。」

答曰：於此十二勝上分中，初爲無明，第八爲愛，第九爲取，此三勝分爲煩惱所攝。第二爲行，第十爲有，此二勝分爲業所攝。餘七勝分爲苦所攝。此是煩惱、業、苦等三，攝十二分應知。言餘七者，謂識、明色、六入、觸、受及生、老死。恩愛別離、怨憎合會、所求不得，如是等法，生一切苦。如是諸分，於向所説，煩惱、業、苦，以爲根本。應知，攝十二分，唯有三事，更無餘法，一切經中，但有此分，更無有餘。〔註98〕

《十二因緣論》又解說十二因緣論與煩惱、業染、苦報三事的關係。

問曰：已知此等諸勝分，爲我解釋煩惱、業、苦在於何處？復云何成一切諸事？

答曰：從三生二，三是煩惱，二是業，謂從煩惱而生於業。從二生七，七則是苦，謂從於業而生於苦。從七生三，七則是苦，謂從於苦而生煩惱，。此説煩惱、業、苦三種迭互相生，是故生、有輪迴不定。所言有者，所謂欲、色、無色界等，彼中不住，喻如輪轉，以彼有故，一切世間凡夫眾生，次第上下，猶如輪轉，有中不定，以不定故，説有三處。〔註99〕

〔註96〕高觀如著：《佛學講義》（臺北：圓明出版，1992年10月，一版一刷），頁190～191。

〔註97〕高觀如著：《佛學講義》（臺北：圓明出版，1992年10月，一版一刷），頁191。

〔註98〕淨意造，後魏·菩提流支譯：《十二因緣論》卷1，（CBETA, T32, no. 1651, p. 481, a21～b2）。

〔註99〕淨意造，後魏·菩提流支譯：《十二因緣論》卷1，（CBETA, T32, no. 1651, p. 481,

　　將經典所述，統整表列於後，能更清楚易見十二因緣論與煩惱、業染、苦報三事的關係。

十二因緣	過去 （過去二因）	無明（所謂貪、瞋、癡等煩惱）	煩惱
		行（所謂造作諸業）	業染
	現在 （現在五果）	識（所謂起妄念，初託於母胎）	苦報
		名色（所謂從託母胎後，生諸六根之初識）	苦報
		六入（所謂於母胎中，而成六根之識）	苦報
		觸（所謂出母胎之後，六根相對於六塵）	苦報
		受（所謂納領世間好、惡等事）	苦報
	現在 （現在三因）	愛（所謂貪染五欲等事）	煩惱
		取（所謂對於諸境生起執取心）	煩惱
		有（所謂造作有漏之因，能招未來之果）	業染
	未來 （未來二果）	生（所謂生成五蘊之身）	苦報
		老死（所謂色身漸老而死）〔註100〕	苦報

　　此十二因緣若由過去無明支分業因依次順序至老死支分者，此流轉方式稱為十二因緣的「流轉門」。以佛教修行法門而言，若明白出世法中，諸行受苦與煩惱相隨，皆由於迷人（尚未證悟覺性者）之無明所起，倘若能斷無明煩惱，自不會造作諸受染之業，於清淨心中不起妄念，則不托生於母胎，色身無有產生，便無從具有名色之六根之識，也無有對境之觸、受、愛、取、有等有漏之業染產生。是無召未來之生，便無所謂世間老死的苦惱。如此脫了死生，是已證菩提之樂因，而得涅槃之樂果，這樣的相依還滅，便是十二因緣的「還滅門」。所證之果名為辟支佛，這是證圓覺乘道果德的聖號，此後便不再更受三界流轉苦難。〔註101〕

3、六波羅蜜法

　　《佛說大乘隨轉宣說諸法經》中說六度法門總相：

　　　　復聞演說六波羅蜜，所謂布施波羅蜜、持戒波羅蜜、忍辱波羅蜜、
　　　　精進波羅蜜、禪定波羅蜜、智慧波羅蜜，因是得聞最上妙法，增長

---

　　　　b3～12）。

〔註100〕高觀如著：《佛學講義》（臺北：圓明出版，1992年10月，一版一刷），頁191
　　　　～192。
〔註101〕高觀如著：《佛學講義》（臺北：圓明出版，1992年10月，一版一刷），頁192。

善根得不退轉。〔註102〕……

真實相說，菩提心相說，布施說平等無貪故，持戒說無諸染欲故，忍辱說心無瞋恨故，精進說無懈怠故，禪定說安住寂靜故，精進說善能揀擇故。如是各各開說奢摩他〔註103〕三摩波提〔註104〕禪那〔註105〕門。〔註106〕

菩薩所以修大乘行，為欲遠離一切罪垢，具修功德。於佛性中不生疑慮，於諸有情及諸財寶，一切時中無分別。常行惠施，利樂群生，已如是行圓滿布施波羅蜜。速得成就阿耨多羅三藐三菩提。〔註107〕

《俱舍論記》中說明「波羅蜜」一辭：

能到自所往，至波羅蜜多者。釋第五句「六波羅」此云彼岸，「蜜多」此云到。菩薩能到自乘所住圓滿功得比岸處故，故此六種名曰「波羅蜜多」。〔註108〕

《大智度論・釋初品中檀波羅蜜法施之餘》中「波羅蜜」一辭：

菩薩法中亦如是，若施有三礙：我與、彼受、所施者財，是為墮魔境界，未離眾難。如菩薩布施，三種清淨，無此三礙，得到彼岸，

〔註102〕宋・紹德等譯：《佛說大乘隨轉宣說諸法經》卷1，（CBETA, T15, no. 652, p. 775, c7～10）。

〔註103〕奢摩他。「奢摩他。此云止。以寂靜為義謂止散亂入寂靜故。若依今經。則了識非心名止。以了識非心。不須強制。自然不隨。乃真止故。識法皆性名寂。以識法皆性。不須強離。自然不動。乃真寂故。」清・通理述：《楞嚴經指掌疏》卷1，（CBETA, X16, no. 308, p. 23, a15～18 // Z 1：24, p. 95, c17～d2 // R24, p. 190, a17～b2）。

〔註104〕三摩波提。「三摩。具云三摩提、或三摩地、或三摩波提、三摩鉢底等。皆梵音賒切耳，此云等至，以銷幻為義，謂平等至定。」清・通理述：《楞嚴經指掌疏》卷1，（CBETA, X16, no. 308, p. 23, a19～22 // Z 1：24, p. 95, d3～6 // R24, p. 190, b3～6）。

〔註105〕禪那。宋・寶臣述：《注大乘入楞伽經》卷8〈14刹那品〉：「梵音禪那此云靜慮。」（CBETA, T39, no. 1791, p. 494, a25）。譯曰思惟修，新譯曰靜慮，與禪定同。

〔註106〕宋・紹德等譯：《佛說大乘隨轉宣說諸法經》卷1，（CBETA, T15, no. 652, p. 774, c24～28）。

〔註107〕唐・般若譯：《大乘理趣六波羅蜜多經》卷4，〈5布施波羅蜜多品〉，（CBETA, T08, no. 261, p. 886, c1～5）。

〔註108〕唐・普光述：《俱舍論記》卷18〈4分別業品〉，（CBETA, T41, no. 1821, p. 283, a1～4）。

為諸佛所讚，是名檀波羅蜜。以是故名到彼岸。〔註109〕

《大智度論‧釋初品中到彼岸義第五十》稱六蔽為：

> 復次舍利佛，菩薩摩訶薩欲不起慳心、破戒心、瞋恚心、懈怠心、
> 亂心、癡心者，當學般若波羅蜜。是六種心惡，故能障蔽六波羅蜜
> 門。……菩薩行般若波羅蜜故能障是六蔽，淨六波羅蜜，以是故說
> 若欲不起六蔽，當學般若波羅蜜。〔註110〕

六度。指六種成就菩薩道之方法，由（世間）生死此岸，而超越到（出世間）涅槃彼岸，即名為「六度」。《六度集經》云：「菩薩六度無極難逮高行，疾得為佛。何謂為六？一曰布施，二曰持戒，三曰忍辱，四曰精進，五曰禪定，六曰明度無極高行。」〔註111〕此六度即分別對治人性上六種蔽病，如：慳貪、邪惡、瞋恚、懈怠、散亂、愚癡等之六種弊端，而為菩薩乘上成佛之道，並下化眾生一定的修行法門。

原來佛教修行主張戒、定、慧等三學為無漏修行的一定途徑。但大乘便於六度中持戒、禪定、智慧等三學，再加上佈施、忍辱、精進等三種修行要項，合稱為六度。

佈施，梵語稱為檀那波羅蜜（Dānapāramitā），分財施、法施、無畏施等三種。此由大悲心發出，不持回報之心，也無能施之念，金剛經中「無所住而行佈施」，是佈施「三輪體空」之要義。

《大智度論‧釋初品中讚檀波羅蜜義第十八》中云，能得後世之福是因於好佈施，與《藥師經》中之第十一大願「得妙飲食願」、第十二大願「得妙衣具願」有相同的布施精神：

> 好施之人，貴人所念，賤人所敬，命欲終時，其心不怖，如是果報，
> 今世所得。譬如樹華，大果無量，後世福也，生死輪轉，往來五道，
> 無親可恃，唯有布施。若生天上、人中得清淨果，皆由布施。〔註112〕

《大智度論‧釋初品中檀相義第十九》

〔註109〕龍樹造，後秦‧鳩羅摩什譯：《大智度論》卷12〈1 序品〉，（CBETA, T25, no. 1509, p. 145, b26～c1）。

〔註110〕龍樹造，後秦‧鳩羅摩什譯：《大智度論》卷33〈1 序品〉，（CBETA, T25, no. 1509, p. 303, c24～p. 304, a5）。

〔註111〕六度。六波羅蜜也。舊稱波羅蜜，譯言度。新稱波羅蜜多，譯言到彼岸。吳‧康僧會譯：《六度集經》卷1，（CBETA, T03, no. 152, p. 1, a7～13）。

〔註112〕龍樹造，後秦‧鳩羅摩什譯：《大智度論》卷11〈1 序品〉，（CBETA, T25, no. 1509, p. 140, c1～5）。

問曰，云何名檀？答曰，檀名布施，心相應善思，是名為檀。有人言，從善思起身、口業，亦名檀。有人言，有信、有福田、又財物三事和合時，心生安捨法，能破慳貪，是名為檀。〔註113〕

　　持戒，梵語稱為尸羅波羅蜜（Śilapāramitā），戒律的條文多種，意旨在於告戒初修行者止惡修善，以淨身心之業，若行止合於戒律，心中菩提緣明，則妙德自然呈現，純熟戒律，自不再為垢業所污染。《藥師經》中的第五大願「戒行清淨願」與此尸羅波羅蜜有相同的功德性。

　　《大智度論·釋初品中戒相義第二十二之一》中云：

不殺亦不盜，亦不有邪淫。

實語不飲酒，正命以淨心。

若能行此者，二世憂畏除。

戒福恆隨身，常與天人俱。〔註114〕

　　《大智度論·大智度論釋初品中尸羅波羅蜜義之餘》中云：

一心持戒為生善處，生善處故見善人，見善人故生智慧，生智慧故得行六波羅蜜，得行六波羅蜜，故得佛道。如是持戒，名為尸羅波羅蜜。復次，菩薩持戒，心樂善清淨，不為畏惡道，亦不為生天，但求善淨，以戒熏心，令心樂善，是為尸羅波羅蜜。〔註115〕

　　忍辱，梵語稱為羼提波羅蜜（Kṣāntipāramitā）。包括生忍、法忍二種，生忍是供養父母三寶，艱忍不懈；他人打罵，不怒不怨。法忍則是外忍寒、熱、饑餓、老、病、死、苦；內忍瞋恚、憂愁、淫慾等念。〔註116〕對不如意事，皆當有忍。《六祖壇經·疑問品第三》：「忍則眾惡無宣」，由此能免煩惱，惡業無從而起。

　　《大智度論·釋初品中羼提波羅蜜義第二十四》解釋忍辱之功德，猶如醫者心之慈悲，譬如醫、護員常忍病者因外傷之惡臭，與病痛所產生的不佳語氣，是心柔軟。又不忍對傷病者回之以怒言或怒容，正是菩薩行忍辱之行。

〔註113〕龍樹造，後秦·鳩摩羅什譯：《大智度論》卷11〈1序品〉，（CBETA, T25, no. 1509, p. 140, c16～19）。

〔註114〕龍樹造，後秦·鳩摩羅什譯：《大智度論》卷13〈1序品〉，（CBETA, T25, no. 1509, p. 159, a1～4）。

〔註115〕龍樹造，後秦·鳩摩羅什譯：《大智度論》卷14〈1序品〉，（CBETA, T25, no. 1509, p. 162, b7～13）。

〔註116〕高觀如著：《佛學講義》（臺北：圓明出版，1992年10月，一版一刷），頁194。

又醫護人員的誓約正是要爲眾生治其身、心之病，不忍對之以瞋恚，猶如《藥師經》中的第六大願「諸根俱足願」、第七大願「身心康樂願」的精神，如此正是藥師佛救世精神的發揮。論中云：

> 復次，忍辱之人雖不行布施、禪定，而常得微妙功德，生天上人中，後得佛道。何以故？心柔軟故。
>
> 復次，菩薩思惟，若今世人惱我，毀辱奪利，輕罵繫縛。且當含忍。若我不忍，當墮地獄，鐵垣熱地，受無量苦，燒炙燔煮，不可具說。以是故知，小人無智，雖輕而貴，不忍用威，雖快而賤。是故菩薩當用忍辱。
>
> 復次，菩薩思惟，我初發心，誓爲眾生治其心病，今此眾生爲瞋恚結使所病，我當治之，云何而復以之自病，應當忍辱。譬如藥師療治眾病，若鬼狂病，拔刀怒罵，不識好醜，醫知鬼病，但爲治之，而不瞋恚。〔註117〕

精進，梵語稱爲毗梨耶波羅蜜（Viryapāramitā）。純一之謂「精」；直行之謂「進」。修行者要上求佛道，下化眾生，應當要以純一之心，英勇無畏煩難，才能掃除積習，自度度人，以達究竟之地。《藥師經》中的第八大願「轉女成男願」，一女以精進心持藥師之精神修持，於後世得藥師大願力必可成男。第九大願「回邪歸正願」的精神，猶如人陷於困境中得以悟正道而行，精進不懈者，藥師佛必以其大願力助其得證菩提。

《大智度論・釋初品中毗梨耶波羅蜜義第二十六》論中云：

> 問曰：菩薩觀精進有何利益？
>
> 答曰：一切今世、後世道德利益，皆由精進得。復次，若人欲自度身。尚當勸急精進，何況菩薩誓願度一切。如精進偈中說：
>
> 有人不惜身，智慧心決定。
>
> 如法行精進，所求事無難。
>
> 如農夫勤修，所收必豐實。
>
> 亦如涉遠路，勤者必能達。
>
> 若得生天上，及得涅槃樂。

〔註117〕龍樹造，後秦・鳩摩羅什譯：《大智度論》卷14〈1序品〉，（CBETA, T25, no. 1509, p. 167, c17～28）。

如是之因緣，皆由精進力。〔註118〕

禪定，梵語稱爲禪那波羅蜜（Dhyānapāramitā）。靜慮者心體寂靜而能審慮之義。定者，梵語「三昧」之譯，心定止一境而離散動之義。《藥師經》中的第四大願「安立大道願」，即是藥師佛賜予大眾能安住菩提道中禪定的功德性。

《大智度論·大智度論釋初品中禪波羅蜜義第二十八》論中云：

> 禪定名攝諸亂心，亂心輕飄甚於鴻毛，馳散不停，駛過疾風，不可
> 制止。劇於獮猴，暫現轉滅，甚於掣電，心相如是，不可禁止。若
> 欲制之，非禪不定。如偈説：
> 禪爲守智藏，功德之福田。
> 禪爲清淨水，能洗諸欲塵。
> 禪爲金剛鎧，能遮煩惱箭。
> 雖未得無餘，涅槃分已得。〔註119〕

智慧，梵語稱爲般若波羅蜜（Prajñāpāramitā）。眞空妙有，圓融無礙，是爲正智慧；此中有權智與實智二者。「實智」乃達觀宇宙之本體，透徹眞理的根源；「權智」乃是通達宇宙之現相，明察善惡邪正之類。倘若智慧不足，不能明辨眞僞邪正，而佈施、持戒、忍辱、精進、禪定之五度或竟亦失其效用，是所以智慧於六度中尤爲重要。在《藥師經》中以智慧覺悟大眾的有第二大願「開曉事業願」與第三大願「無盡資生願」，是藥師佛以般若妙智賜予眾生的大精神。

《大智度論·釋般若相義第三十》論中云：

> 問曰：何以獨稱般若波羅蜜爲摩訶，而不稱五波羅蜜？
> 答曰：摩訶秦言大，般若言慧，波羅蜜言到彼岸，以其能到智慧大
> 海彼岸，到諸一切智慧邊，窮盡其極故，名到彼岸。一切世間中，
> 十方三世諸佛第一大，次有菩薩、辟支佛、聲聞，是四大人皆從般
> 若波羅蜜中生。……
> 問曰：何者是智慧？

〔註118〕龍樹造，後秦·鳩摩羅什譯：《大智度論》卷15〈1序品〉，（CBETA, T25, no. 1509, p. 172, c11～20）。

〔註119〕龍樹造，後秦·鳩摩羅什譯：《大智度論》卷17〈1序品〉，（CBETA, T25, no. 1509, p. 180, c13～21）。

答曰：般若波羅蜜攝一切智慧，所以者何，菩薩求佛道，應當學一切法，得一切智慧。〔註120〕

以上雖說是大乘所說修行要義，亦是平常人出離業力纏縛的重要修持法鑰。《藥師經》中藥師佛因欲度眾生出離諸苦難，而發十二大願，以其功德力，讓聽聞者或一心持念藥師佛號者能解脫一切憂愁苦惱業，是其實踐四無量心、六度波羅蜜的延展，經中言：

……若昔人中，曾聞世尊「藥師琉璃光如來」名號，由此善因，今復憶念至心歸依，以佛神力眾苦解脫，諸根聰利，智慧多聞，恆求勝法，常遇善友，永斷魔羂，破無明殼，竭煩惱河，解脫一切生老病死、憂愁苦惱。〔註121〕

……是諸有情，若得聞此「藥師琉璃光如來」名號，彼諸惡事悉不能害，一切展轉皆起慈心，利益安樂，無損惱意及嫌恨心，各各歡悅，於自所受，生於喜足，不相侵凌，互為饒益。〔註122〕

俗諺「心病乃要心藥醫」，依佛法言，不惟眾生於得病時方才吃藥，凡世間眾生無時不浸在無明惑業所苦之三毒病中，身心充滿諸病。身病，可以予世俗藥物醫治，泰半可以痊癒；若心病，有以心理治療之，或是以宗教信仰，可獲得心靈之慰藉，有則可以佛法之「法藥」對治心病。佛法稱之為法藥，是因為它不是真有實質藥名的東西，但卻可以讓病者於了悟心病之由來後，可經自心明瞭病之緣由，於自心思緒的調整，而後去除心中煩惱苦痛之病徵，便能長久持此永恆的「法藥」，終生不復再患此種心病。或有再患他種心病，則可以經由他人（佛法稱為善知識者）的提示佛法，或再次觀心返思，便同樣能再以佛法之「法藥」獲得心靈的解脫。所謂「不藥而愈」，是指醫治「心病」的藥乃是「心藥」，而非真有實質之藥醫治而言，此「心藥」若再融合實質的「物藥」即是「藥」的廣義解釋。

《藥師琉璃光如來消災除難念誦儀軌》中之讚偈云：

歸命滿月界，淨妙琉璃尊。

〔註120〕龍樹造，後秦·鳩羅摩什譯：《大智度論》卷18〈1 序品〉，（CBETA, T25, no. 1509, p. 191, a3～15）。

〔註121〕唐·玄奘譯：《藥師琉璃光如來本願功德經》卷1，（CBETA, T14, no. 450, p. 406, a18～23）。

〔註122〕唐·玄奘譯：《藥師琉璃光如來本願功德經》卷1，（CBETA, T14, no. 450, p. 406, b1～5）。

法藥救人天，因中十二願。〔註123〕

文中所謂「法藥」並非有實質的治病藥物，而是專指救治人們受苦難的心靈，或惡業繫縛人生的佛法。《大涅槃經》卷第四中云：

即爲說法，令離是處，度眾生故，爲說無上微妙法藥，爲令斷一切
煩惱樹故，種植無上法藥之樹，爲欲拔濟諸外道，故說正法。〔註124〕

此略說「法藥」應有三種，1、是佛法的經、律、論。2、是五乘、三乘、一乘的教法。3、是陀羅尼。法藥種類的內含意義：

1、佛依眾生而設之經、律，皆是爲對治眾生身心之病。眾生常墮無明惑，得宿業報身，於心中充滿諸病，佛說諸經、諸律廣爲醫治眾生業病；乃至菩薩、聲聞等結集經律，造論說明義理，眞理重重顯揚，法門廣開無有邊際，輒取之不盡，應用之不竭，猶如充滿宇宙之間之礦、植等物藥，皆爲「法藥」之原料。

2、五乘、三乘、一乘的教法。在於眾生有八萬四千病，佛則說八萬四千法門，應眾生身心之病施藥，方能治病，故有五乘、三乘、一乘的教法。五乘，乃人乘、天乘、聲聞乘、緣覺乘、菩薩乘。爲人乘，則施五戒、十善之法，對治五逆、十惡之病；爲天乘，則施四禪、八定等法，對治散亂之心使常居中之病。此者爲出世三乘之基礎，是必經之階梯，故亦可說是爲五乘共同法則。推而上之，復說出世三乘共法，使聲聞、緣覺，依四諦、十二因緣等教法，滅除三毒煩惱，解脫生死病苦，聲聞等所行四諦法要，雖屬二乘，而仍爲大乘之所共行，是故亦日三乘共法。又佛爲一類發菩薩心修大乘之機者，遂直施設一乘不共之教法。

3、陀羅尼者。此云「總持」，總持無量教法；亦云「遮持」，遮一切惡病，而持一切教法。此能治一切病，猶祖傳秘方之藥，不得輕示於人。蓋陀羅尼之義不可解，且亦無須推尋其義，若能依之修持，結合身、口、意三密相應，便得遂願所求，解脫生死，清淨業報，直證得果位。如《藥師經》中所說之陀羅尼，依之誦持，便得消災獲福，臨終必往生琉璃淨土。

佛對眾生之根性差別，而施設五乘、三乘、一乘之法藥，亦猶凡世醫師，視病因之異而製方佩藥。未悟義理之迷者猶如病患，依所聽聞之佛義，或修

〔註123〕唐・一行撰：《藥師琉璃光如來消災除難念誦儀軌》卷1，（CBETA, T19, no. 922, p. 21, c22～24）。

〔註124〕北涼・曇無讖譯：《大般涅槃經》卷4〈4 如來性品〉，（CBETA, T12, no. 374, p. 389, c28～p. 390, a2）。

持顯、密法門，於三學戒、定、慧中隨其心性覺悟其心，取與自性相應之「法藥」而得救度，此是「藥」、「病」相應之理。

現代病證除了身體上的生理症狀外，又有屬於精神方面的症狀，它所引起的原因有多方，總起源於心理的壓抑，思緒不能解脫，此即是多方因素的綜合結果。但歸結原因不外乎有二：一者，內因為執於自己的偏見或未成熟之迷思所導致；二者，外糾結於所處環境之人、事、物，長期不能順遂所引起。前者於我執與無明有關；後者與十二因緣不無關係。若能有正當的藥物控制，或得到善知識的開導、指引，如時下的心理輔導或行為導正方式，如此的現代醫療精神也正契合藥師佛十二大願的終極精神。佛教所所言「清淨自在」，即指心理上的健康、成熟，依於佛法則心性趨向圓滿，無有煩惱，便能得著「心之清淨、身之自在」。

在佛教的經典中，散見著人生的哲理與科學，然而在西方嚴格的定義下，佛教的哲學與科學常被質疑；如果就宗教的領域上探討，佛教經典具有心理醫學上的重要指引。佛教的經典一再的敘述「成就」的目標依於「解脫」的法門，既然「解脫」是一種方法，那麼它所對治的目標是甚麼？眾所周知的答案即是「煩惱」，「煩惱」梵文是 kleśa，原意指那些無形中奪去我們純真、快樂的心性，使眾生痛苦的無明，如此的演繹，依佛教的說法，貪、瞋、癡、慢、疑、惡見等，將我們清淨的心性蒙蔽，使自陷於痛苦的污染思維（雖然它們是一種心識的形容），因而稱之為「煩惱」。諸多的經典都有明確的說明「解脫」方法。「佛教醫學」雖未能如一般醫學提供實質藥物的治療，卻是在心理的意識上提供最究竟的治療方式。

《藥師經》中佛陀肯定確切的答覆阿難，若稱念佛號便得不可思議佛所有殊勝功德，經云：

> 爾時世尊告阿難言：「如我稱揚彼佛世尊藥師琉璃光如來所有功德，此是諸佛甚深行處，難可解了，汝為信不？」阿難白言：「大德世尊，我於如來所說契經不生疑惑，所以者何？一切如來身與意業無不清淨。世尊，此日月輪可令墮落，妙高山王可使傾動。諸佛所說言無有異也。世尊，有諸眾生信根不具，聞說諸佛甚深行處，作是思惟：云何但念藥師琉璃光如來一佛名號，便獲爾所功德勝利？由此不信，反生誹謗。彼於長夜失大利樂，墮諸惡趣，流轉無窮。」
>
> 佛告阿難：「是諸有情，若聞世尊藥師琉璃光如來名號，至心受持，

不生疑惑，墮惡趣者無有是處。阿難，此是諸佛甚深所行，難可信
解。汝今能受，當知皆是如來威力。阿難，一切聲聞獨覺及未登地
諸菩薩等，皆悉不能如實信解，惟除一生所繫菩薩。阿難，人身難
得，於三寶中信敬尊重，亦難可得。得聞世尊藥師琉璃光如來名號，
復難於是。阿難，彼藥師琉璃光如來，無量菩薩行，無量善巧方便，
無量廣大願。我若一劫，若一劫餘而廣說者，劫可速盡。彼佛行願，
善巧方便，無有盡也。」〔註125〕

此釋尊為諸修行者說藥師琉璃光如來之無量善巧方便功德，是不能以凡
夫之見地而解說的殊勝廣大。

三、佛教醫學

　　佛教諸多經典說明治療心、靈之法，治療身病之法則多是在預防醫學上
著力較多，如《釋禪波羅蜜次第法門》中細說佛教在醫治身、心病上所採用
之方法有五種，一、氣息治病法；二、假想治病法；三、呪術治病法；四、
用心主境治病法；五、觀析治病法。

　　（一）氣息治病法。首先乃取五種呼吸法以治療五臟，有六種氣息：一
吹、二呼、三嘻、四呵、五噓、六呬。此六種息呼吹二氣，可以治心；噓以
治肝；呵以治肺；嘻以治脾；呬以治腎。文中言：

　　二正明治病方法者。既深知病源起發，當作方法治之，治病之法，
　　乃有多途，舉要言之，不過五種。

　　一者氣息治病。所謂六種息，及十二種息，何等為六種氣，一吹二
　　呼三嘻四呵五噓六呬。此六種息，皆於脣口之中，方便轉側而作，
　　若於坐時，寒時應吹，熱時應呼。若以治病，吹以去寒；呼以去熱；
　　嘻以去痛，及以治風；呵以去煩，又下氣；噓以散痰，又以消滿；
　　呬以補勞。若治五臟，呼吹二氣，可以治心；噓以治肝；呵以治肺；
　　嘻以治脾；呬以治腎。復次有十二種息，能治眾患，一謂上息，二
　　下息，三滿息，四燋息，五增長息，六減壞息，七暖息，八冷息，
　　九衝息，十持息，十一和息，十二補息，此十二息，皆心中作想而
　　用。今略明十二息對治患之相，上息治沈重；下息治虛懸；滿息治

〔註125〕唐・玄奘譯：《藥師琉璃光如來本願功德經》卷1，（CBETA, T14, no. 450, p. 407,
　　　　a17～b9）。

枯瘠；燋息治腫滿；增長息治損；滅壞息治增；暖息治冷；冷息治
熱；衝息治壅結不通；持息治戰動；和息通治四大不和；補息資補
四大，善用此息，可以遍治眾患；用之失所，各生眾患。推之可知，
諸師用息治病，方法眾多（云云）。不備說，今略示一兩條，令知大
意。〔註126〕

（二）假想治病法。乃是一種觀想法，但卻無明文說明做法。

二明假想治病者。具如雜阿含治禪病祕法七十二法中廣說，但今人
神根既鈍，作此觀想，多不成就，或不得其意，非唯治病不差，更
增眾患，故諸師善得意者，若有祕要。假想用之，無往不愈，但不
可具以文載。〔註127〕

（三）呪術治病法。乃是咒語對治法，與上相相同，無明文說明做法。

三呪術治病者。萬法悉有對治，以相厭禳，善知其法術用之，無
不即愈。呪法出諸修多羅及禪經中，術法諸師祕之，多不妄傳。
〔註128〕

（四）用心主境治病法。類似假想治病法，但僅以心觀病處而治，文中
無有說明做法。

四用心主境治病者。有師言，心是一期果報之主，譬如王有所至
處，群賊逆散，心王亦爾，隨有病生之處，住心其中，經久不散，
病即除滅。又師云，用心住憂陀那，此云丹田，去臍下二寸半，
多治眾患。又師云。安心足下，多有所治，其要眾多，今不具說。
〔註129〕

（五）觀析治病法。文中言以自身智慧分析病情，若是外因四大不調則
能治癒；若是因魔病、鬼病致病，則自誦懺文、真言以治業病。

五觀析治病者。用正智慧檢受病，既不可得，四大之患，即自消滅，
若是鬼神及因魔羅得病，當用強心加呪，及以觀照等法助治之，若

〔註126〕隋・智顗說：《釋禪波羅蜜次第法門》卷4，（CBETA, T46, no. 1916, p. 505, c27
～p. 506, a19）。
〔註127〕隋・智顗說：《釋禪波羅蜜次第法門》卷4，（CBETA, T46, no. 1916, p. 506, a19
～24）。
〔註128〕隋・智顗說：《釋禪波羅蜜次第法門》卷4，（CBETA, T46, no. 1916, p. 506, a24
～27）。
〔註129〕隋・智顗說：《釋禪波羅蜜次第法門》卷4，（CBETA, T46, no. 1916, p. 506, a27
～b3）。

是業病，必須助以修福懺悔轉讀，患即自滅。〔註130〕

除氣息治法外，作者不清楚說明其他的治法，在其後的文中說明，乃是內心治病方法眾多，不可據傳於文，以免遭到誤用，若有害人身、心之狀況產生，皆失作者本義，如下文說明：

> 此五種治病之法，若行人善得一意，則可自行兼他，況復具足通達，若都不知其一，則患生無治，非唯廢修正業，亦恐性命有慮，豈可自行教人。是故欲修禪之者，必須善解內心治病之法，內心治病方法眾多，豈可具傳於文。若欲習知，當更尋訪上來所出是旨，是示其大意，若但依此文，文既闕略，恐未可定怙，智者善得其意，方便迴轉；無善知識之處，亦足權以救急。〔註131〕

觀上文所述，除了第一種的「氣息治病法」，為常人可用以經過訓練呼息，用以治療五臟病與身病以外，其餘四種，則必須經過專家指導，方可以學習到正確的方法。又，第五種「觀析治病法」的重點是因鬼神魔羅所致的業病，此文中又強調「修福懺悔」，又與修習佛法有相當大的關連。

《釋禪波羅蜜次第法門》中說明如何在行、住、坐、臥之間，以心為主持於中，則有十種法則可用以施行，以保持身體上的健康。經云：

> 問曰，用心坐中治病必有效不。答曰，若具十法，無有不益。十法者：一信、二用、三勤、四恒住緣中、五別病因起、六者方便、七久行、八知取捨、九善將護、十識遮障。何謂為信，謂信此法，必能治病。何謂為用，謂隨時常用。何謂為勤，用之專精不息取，得汗為度。何謂為恒住緣中，謂細心念念，依法而不散亂。何謂別病因起，別病因起如上說。何謂為方便，謂吐納運心緣想，善巧成就，不失其宜。何謂為久行，謂若用之未即有益，不計日月，常習不廢。何謂知取捨，謂知益則勤，用損則捨之，漸轉心取治。何謂知將護，謂善識異緣犯觸。何謂遮障，謂得益不向外說，未損不疑謗。若依此十法所治。必定有效。〔註132〕

〔註130〕隋・智顗說：《釋禪波羅蜜次第法門》卷4，（CBETA, T46, no. 1916, p. 506, b3
　　　　～7）。

〔註131〕隋・智顗說：《釋禪波羅蜜次第法門》卷4，（CBETA, T46, no. 1916, p. 506, b7
　　　　～16）。

〔註132〕隋・智顗說：《釋禪波羅蜜次第法門》卷4，（CBETA, T46, no. 1916, p. 506, b16
　　　　～29）。

　　《釋禪波羅蜜次第法門》中言「魔事」，說明魔事主要在以奪人功德財、殺智慧命爲主事，故應以心明瞭魔的類別，除患的方法則在於能「安心道門」爲治魔藥方。經云：

> 次第五明魔事者。魔羅秦言殺者，奪行人功德之財，殺智慧命故名魔羅。云何名魔事，如佛以功德智慧，度脫眾生，入涅槃爲事。魔亦如是，常以破壞眾生善根，令流轉生死爲事，若能安心道門，道高則魔盛，故須善識魔事。今釋即爲三：一分別魔法不同；二明魔事發相；三明壞魔之法。第一分別魔法不同，魔有四種：一者煩惱魔；二者陰入界魔；三者死魔；四者欲界天子魔。一煩惱魔者，即是三毒九十八使取有流扼縛蓋纏惱結等，皆能破壞修道之事。如摩訶衍論偈說。

　　《釋禪波羅蜜次第法門》中又以偈文說明「魔事」有十，行者則能以修禪與智慧力破諸魔軍，得成佛道。文中言：

> 欲是汝初軍，憂愁爲第二，
> 饑渴爲第三，觸愛爲第四，
> 睡眠第五軍，怖畏爲第六，
> 疑悔爲第七，瞋恚爲第八，
> 利養虛稱九，自高蔑人十，
> 如是等軍眾，厭沒出家人，
> 我以禪智力，破汝此諸軍，
> 得成佛道已，度脫一切人。〔註133〕

　　由上述偈中所闡述，除病之最重要方式亦是在於修持佛法。其他如在《佛說醫喻經》亦提及醫者若能知病因、知治病的方法，可稱之爲是良醫，但是若要斷除病因，仍在於應具有四種能力。經中云：

> 如是我聞，一時世尊在舍衛國中，與苾芻眾俱。是時世尊告諸苾芻言：「汝等當知，如世良醫，知病識藥，有其四種，若具足者，得名醫王。何等爲四：一者識知某病，應用某藥。二者知病所起，隨起用藥。三者已生之病，治令病出。四者斷除病源，令後不生，是爲四種。〔註134〕

〔註133〕隋・智顗說：《釋禪波羅蜜次第法門》卷4，（CBETA, T46, no. 1916, p. 506, b29～c19）。

〔註134〕宋・施護譯：《醫喻經》卷1，（CBETA, T04, no. 219, p. 802, a21～26）。

1、知道病名與用藥。病、藥要相合才能相應有效。

> 云何名爲識知某病，應用某藥。謂先識知如是病相，以如是藥，應可治療，令得安樂。〔註135〕

2、知道病的起因與用藥。在早期的醫療方式中，可能是同樣症狀，但起因可能不同，是故應知病的起因才不致用錯藥方。

> 云何名爲知病所起，隨起用藥。謂知其病，或從風起、或從癀起、或從痰起，或從癃起、或從骨節起、或積實所起，知如是等病所起處，隨用藥治，令得安樂。〔註136〕

3、應知病證與治法。治療法有多種，同樣是去熱病中醫治法就有汗（使病者出汗）、吐（使病者嘔吐出胃中熱氣）、下（使病者洩下腸道中腹部熱氣）三法。

> 云何名爲已生之病，治令病出。謂知其病應從眼出，或從鼻中別別治療而出，或煙薰水灌鼻而出，或從鼻竅引氣而出，或吐瀉出，或於徧身攻汗而出，乃至身分上（吐）、下（洩），隨應而出，知如是等病可出處，善用藥治，令得安樂。〔註137〕

4、能斷除病源。醫者應能斷除病患之病症，使其不受後患，而得安樂。

> 云何名爲斷除病源，令後不生。謂識得病源，如是相狀，應如是除；當勤勇力現前作事，而善除斷，即使其病後永不生，令得安樂。如是等名爲四種知病識藥。〔註138〕

業病之所源及其對治之道，與心之自在解脫如上所述。在《藥師經》尚有一處特有別於其他佛教經典所說之解脫身病、業病的方法，如燃七層之燈、懸五色續命幡、讀誦《藥師經》經文等。經中云：

> 爾時眾中有一菩薩摩訶薩，名曰「救脫」，即從座起偏袒右肩，右膝著地曲躬合掌，而白佛言：「大德世尊，像法轉時，有諸眾生爲種種患之所困厄。長病羸瘦不能飲食，喉唇乾燥，見諸方暗，死相現前，父母親屬、朋友知識，啼泣圍繞，然彼自身臥在本處，見琰魔使，引其神識至於炎魔法王之前……時彼病人親屬知識，若能爲

〔註135〕宋・施護譯：《醫喻經》卷1，（CBETA, T04, no. 219, p. 802, a26～28）。
〔註136〕宋・施護譯：《醫喻經》卷1，（CBETA, T04, no. 219, p. 802, a28～b3）。
〔註137〕宋・施護譯：《醫喻經》卷1，（CBETA, T04, no. 219, p. 802, b3～8）。
〔註138〕宋・施護譯：《醫喻經》卷1，（CBETA, T04, no. 219, p. 802, b8～11）。

彼歸依世尊藥師琉璃光如來，請諸僧眾轉讀此經，然七層之燈，懸五色續命神幡。或有是處，彼識得還，如在夢中，明了自見。……由自證見業果報故，乃至命難，亦不造作諸惡之業，是故敬信善男子、善女人等。皆應受持世尊藥師琉璃光如來名號，隨力所能恭敬供養。」〔註 139〕

　　以上佛教醫學之治病法則，除了一般的外治方法以外，似乎有與中國傳統醫學強調的「不治已病，治未病」的預防醫學相同，如呼吸法、筋骨運動諸功法、寒熱暑濕調養法等，是治身病的方法。至於業病法，主旨仍在於進修學習佛法，所謂聞、思、修佛法等，皆具大法力，能救度、醫治自己與眾生的諸苦疾。

　　又醫學專家指出，無論是（參與）「佈道大會」或「大法會」，由於誠、信和意念集中，使腦波頻率合一，致使氣場熾盛，能量增強。誠心接受神、佛和閉目禱告、認罪悔改時，腦易於進入「共振態」，此時 α 波〔註 140〕振幅突然增加數倍，而且頻率逐漸變得很單純、很集中，整個腦波變的很有秩序。而有序化的腦波可能再引發大規模同步神經刺激信號送往身體經絡，維持物理的振盪，行成一個共振迴路。經絡活絡，自然氣血暢通，將會帶動免疫、神經、內分泌等系統（的提升）。……隨著醫學、科學的進步，可能沒有所謂的「神力」、「法力」，最後對於宇宙本體和生命本質來說，可能都是「自然力」。〔註 141〕楊定一醫生所著《真原醫》一書中提到，「靜坐不僅可以讓腦同步一致，連心臟頻率都會跟著同步，此刻就可以輕輕鬆鬆達到與天地合一、當下放下的境界，甚至達到超越的境界。尤其當一個人在觀想的時候，能夠帶著一個慈悲的念頭，就會出現很高頻率的 γ 波。」〔註 142〕

〔註 139〕唐・玄奘譯：《藥師琉璃光如來本願功德經》卷 1，（CBETA, T14, no. 450, p. 407, b10～29）。

〔註 140〕α 波。具有節律性，頻率是每秒 8 到 13 週（赫茲），所有正常人清醒在安靜、休息的大腦活動狀態下，皆可在 EEG 上記錄到這種波。Arthur C. Guyton, M.D. John E. Hall, Ph.D. 著，林佑穗、袁宗凡譯：《新編蓋統醫用生理學》（台北，合記書局，2005 年 1 月，初版三刷），頁 765。

〔註 141〕孫安迪：《身心靈養生的醫學觀》，（臺北，金菠蘿文化出版，1998 年 7 月，初版一刷），頁 30～31。

〔註 142〕γ 波。靜坐對於惱波改變的另一項突破性發現，由 Dr. Antoine Lutz 等人發表在 2004 年《美國科學院院刊（PNAS）》一篇研究證實，長期靜坐者的惱波聖致出現高幅度同步的 γ 波活動，這是一種從大腦視丘發出的惱波，已經超出一般所認知的四種惱波以外的頻率。從 2003 年以來就曾有人提出 γ 波（31

　　在現實生活中，也有諸多的實例印證心靈的「解脫」，能獲得後天生理疾病上的痊癒，只要當事人能完全的「信」、「解」、「行」佛教思想，能淨心修持釋佛所說遺教，修持具啓發定、慧之法教、儀軌，並具有堅定的信心、不懈怠的修持善念，在所謂當下的解脫，徨論漸悟或頓悟，必印證大乘心法，得到心靈上的治癒法門。在所有的宗教要義上，「信」、「解」、「行」是諸宗教信仰者必備的德行。

　　宗教經典或有不能在讓當事人的現世中獲得身體生理上缺陷的「解脫」，但因果論的敘述與說明，依於佛教法義的正知正見之道，必能讓當事人於現世得到心的解脫，或者能於不可知的下一世獲得身的「自在解脫」。這也是《藥師經》中藥師佛所發十二大願所欲達到的目的。

　　～100 赫茲）的腦波，是靜坐者普遍出現的腦波，特別是 40 赫茲左右的腦波。甚至有科學家認爲這種高振同步的 γ 波與人的意識有密切關係，可以讓表現更加專注、快樂，情緒的控制也更加適當。楊定一著：《眞原醫——21 世紀最完整的醫學》，（台北，康健出版社，2012 年 2 月，一版六刷），頁 201。

第四章　藥師佛大願的現代體現

佛法皆是一種一味，所謂苦盡解脫味。此解脫味有二種，一者但自
為身，二者兼為一切眾生。雖具求一解脫門，而有自利、利人之異，
事故有大小乘差別。[註1]

藥師佛法門是解脫門法門，經文中說明曼殊室利法王子，承佛威神從坐
而起，向釋迦佛問言：

世尊，惟願演說如事相類諸佛名號，極其本大願殊勝功德，另諸聞
者業障銷除，為欲利樂相法轉時諸有情故。[註2]

說明此藥師經係大乘法門，亦因為以利益眾生為主的藥師十二大願，使
諸善有情繼之效法藥師佛之大願，以施行布施波羅蜜之心而圓滿利他的大乘
行。此章節中說明人性大愛的展現即是佛性，亦是大乘光明心性。現代宗教
之慈善事業，有感於對社會責任的承擔，不管是民間團體組成的非營利組織
救濟事業或是宗教團體所組成的非營利組織救濟事業，都是在實踐藥師佛的
十二大願與致力呈現藥師經中的琉璃利樂佛境。

第一節　藥師琉璃光如來佛的利樂版圖

一、人性與佛性

人生於世被佛學宗教稱為輪迴，未證悟者稱人生是苦海，小乘精進修四

〔註1〕龍樹造，鳩羅摩什譯：《大智度論》卷100〈90囑累品〉，（CBETA, T25, no. 1509,
　　　 p. 756, b18～22）。
〔註2〕唐・玄奘譯：《藥師琉璃光如來本願功德經》卷1，（CBETA, T14, no. 450, p. 404,
　　　 c22～24）。

諦法也以爲證涅槃地，可不再輪迴人生苦海；或極力修善以爲來世，亦可因前世植下善因，盼他世能得善果，依佛經所言或生刹帝利（帝王、權貴之家），或生婆羅門家（印度專侍梵天之靜修種族，引以爲轉輪勝王者），此一也。又有大乘行者修持善法，不爲求往生極樂世界，而是常懷四無量心（慈、悲、喜、捨之心）精進修持梵行，不欲利樂涅槃之境，唯欲教化眾生愚迷，願眾生發覺自性成就自我，是故常處生死，而不退轉。誠如《大樂金剛眞實三昧耶經》中言：

> 菩薩摩訶薩得遍三界自在主成就故，則得淨除無餘界一切有情住著流轉，以大精進常處生死，救攝一切，利益安樂最勝究竟皆悉成就，何以故。
>
> 菩薩勝慧者，乃至盡生死。
>
> 恆作眾生利，而不趣涅槃。
>
> 般若及方便，智度悉加持。
>
> 諸法及諸有，一切皆清淨。

是以菩薩皆具勝妙智慧，誓願盡未來際，皆以爲眾生謀入世或出世之利益安樂爲誓願，而不以趣入涅槃作最終成就，是故生生世世以大精進心常處於生死，於過去、現在、未來具有多佛處於現世。《瑜伽師地論》卷三十八中云：

> 彼彼十方無量無數諸世界中，應知同時有無量佛出現於世。何以故？於十方界現有無量無數菩薩，同時發願，同勤修集菩提資糧。……於今現見此世界中多百菩薩，同時發願，同修惠施同修淨戒，同修忍辱同修精進，同修淨慮同修智慧。況於十方無量無邊諸佛世界。又於十方現有無量無數三千大千佛土，無二菩薩同時修集菩提資糧，俱時圓滿，於一佛土並出於世一時成佛。況有無量無數菩薩，於一世界一時成佛。……是故當知眾多菩薩同時修集菩提資糧，俱圓滿者，於十方面無量無數隨其所淨空無如來諸佛國土，各別出世同時成佛。由此道理，多世界中決定應有眾多菩薩同時成佛，決定無有一佛土中有二如來俱時出世。〔註3〕

多佛的形成似乎與遠古時期之自然崇拜具時代的演進有關。雖爾，釋印

〔註3〕唐·玄奘譯：《瑜伽師地論》卷38〈7菩提品〉，（CBETA, T30, no. 1579, p. 499, c12～p. 500, a4）。

順言：「行者爲法爲重生而無限精進，忘己爲人，不求速成解脫成佛，而願長期在生死中，從利他中去完成自己。而以菩薩道繼承「佛法」自利利他，一切都以般若爲先導。般若的體悟法性，名爲得無生法忍；知一切法實相而不證（證入，即成聲聞之阿羅漢），登阿鞞拔致〔註4〕位而不退轉。說十方世界現前有佛，於是信增上人，以念佛及菩薩、懺悔等爲修行，求生他方淨土，見佛聞法，而得不退於阿耨多羅三藐三菩提。」〔註5〕

　　初期大乘佛法著重於勝義法性的契入，所以能不離煩惱、不著煩惱，餘生死海中利益眾生，以圓滿一切智——無上菩提。以此慧悟，攝化眾生，也就處處可行方便。「方便」在大乘佛法中的重要性，是特別重視的。鳩摩羅什所譯《維摩詰所說經》經題下注「一名不思議解脫」，「解脫」是佛法的修行目標，「大乘佛法」稱爲「不思議解脫」形式與方法上，應有某種程度的差異，差異的重點，就是方便。釋印順指出三點是：一、在依釋尊過去的本生中，修菩薩行的，不一定是出家的。二、「佛法」中，在家是可以正果的。三、佛法中「菩薩不斷煩惱」，有煩惱要能制服、淨化，留些煩惱，才能長在生死，利益眾生。「貪慾是涅槃，恚、癡亦如是，於此三事中，有無量佛道」。〔註6〕

二、大乘光明心性

　　心性是有知覺的眾生之主宰，尤其是指生爲人類之眾生而言，每個人具有其獨特的心性，也各有不同之心的煩惱。佛家一向以善於治心著稱，且以醫治心病聞名，佛法教導眾生以如實之見自治其心，自淨其意，從根源解決一切心病，是佛法對促進心理健康具有重要的價值。人們於精神苦悶、自覺失衡時，不妨時時告訴自己，以善意看待一切人、事、物，長期以「善眼視眾生」，心理一定健康平和。此行爲是本具的心性使然，或是因信解佛經，告誡自己守此法義也罷，對相對待的他人必然去除黑業（惡業），這即是宗教存

〔註4〕阿鞞拔致。唐・慧琳撰：《一切經音義》卷45，「阿鞞拔致（下必彌反梵語不退轉）。」（CBETA, T54, no. 2128, p. 604, c21）。明・錢謙益鈔：《楞嚴經疏解蒙鈔》卷8，「一心信忍十方諸佛所用實相智慧，無能壞，無能動者。是名無生法忍。無生法忍。即是阿鞞拔致。」（CBETA, X13, no. 287, p. 724, c18～19 // Z 1：21, p. 261, d12～13 // R21, p. 522, b12～13）。

〔註5〕釋印順：《印度佛教思想史》（臺北：正聞出版社，1993年4月，五版）頁85～85。

〔註6〕釋印順：《印度佛教思想史》（臺北：正聞出版社，1993年4月，五版），頁102～104。

在的原旨。

俗諺云：「心病還須心藥醫」，佛門設有許多對治煩惱、斷除病根的方法，如第二章中大幅講解的四諦——苦、集、滅、道，十二因緣——無明、行、識、名色、六入、觸、受、愛、取、有、生、老死等。以及六度—布施、持戒、忍辱、精進、禪定、智慧等是。若能參透其中真義，都是佛法用以解除心中煩惱的方法，煩惱解除，心中無有罣礙，即是佛教所言清淨極樂。《法句經》〈雙要品〉中言：

> 心為法本，心尊心使，心中念惡，即言即行，罪苦自追，車轢于轍。
>
> 心為法本，心尊心使，心中善念，即言即行，福樂自追，如影隨形。
>
> 隨亂意行，拘予入冥，自大無法，何解善言。
>
> 隨正意行，開解清明，不為妒嫉，敏達善言。

守「三學」——心中守持戒、禪定、智慧三種佛學要義，即持有大乘光明心性。《法句經》〈雙要品〉中言：

> 巧言多求，放蕩無戒，懷淫怒癡，不惟止觀，聚如群牛，非佛弟子。
>
> 時言少求，行道如法，除淫怒癡，覺正義解，見對不起，是佛弟子。

「持戒」者，行者持基本在家居士戒——不殺生、偷盜、邪淫、妄語、飲酒（因易於亂心性），與貪、瞋、癡三毒，則不生身、口、意等業。「禪定」者，常修持藥師法門儀軌或作禪定觀者，能易於屏除日用常行的我執觀，而達佛境的無我清淨觀，一如《藥師經》第五大願中所言：「於我法中修行梵行，一切皆令得不缺戒，具三聚戒〔註7〕」。「智慧」者，常學佛學、親近善知識，則得清淨智慧，一如《藥師經》中所言「得正見多聞」。「使意為慧，學取正智，意惟正道，一心受諦，不起為樂，漏盡習除，是得度世。」〔註8〕——《法句經》〈明哲品〉如是說。

佛教重視眾生平等，視眾生與己平等，而願盡己之所能予而佈施他人，且不以己之施予而稱功德，或欲求後福而作佈施，此是諸佛菩薩之所教。對於施者所作「三輪體空」不居功德的功德，如《金剛經》中云：

〔註7〕三聚戒。一、受律儀戒，嚴受持五、八、十具，等一切善法為戒者。二、攝善法戒，以修一切善法為戒者。三、攝眾生戒，又云饒益有情戒，以饒益一切仲眾生為戒者。《佛教大辭典》（臺北，慈濟文化事業，1989 年 12 月），上冊，頁 1102。

〔註8〕法救撰，吳·維祇難等譯：《法句經》卷 1〈14 明哲品〉，CBETA, T04, no. 210, p. 564, a24～26）。

「復次，須菩提，菩薩於法，應無所住，行於布施。所謂不住色布施，不住色聲香味觸法布施。須菩提，菩薩應如是布施。不住於相，何以故？若菩薩不住相布施，其福德不可思量。……」〔註9〕

「……須菩提，於意云何？若人滿三千大千世界七寶，以用布施，是人以是因緣，得福多不？」「如是，世尊，此人以是因緣，得福甚多。」「須菩提，若福德有實，如來不說得福德多，以福德無故，故如來說福德多。」〔註10〕

須菩提白佛言：「世尊，云何菩薩不受福德。」「須菩提，菩薩所作福德，不受應貪著，是故說不受福德。」〔註11〕

藥師琉璃光佛的利樂版圖的實現，在於現代人對社會環境的保護與責任的擔負。就宗教之社會責任而言，佛家「依正不二」的命題，說明了有情眾生與自然環境息息相關，從小我的尊重有機自然，增強環保意識，進而尊重生命，照護動、植物，把大自然視為佛性的顯現，是因於「無緣大慈，同體大悲」的佛家思維。透過因果觀，具理智者皆明白，因為人類對大自然過度開發土地、任意浪費資源、必導致資源匱乏、環境日益惡化，待大自然風雨侵襲時，如《藥師經》中所謂「星宿變怪難、日月薄蝕難、非時風雨難、過時不雨難」等，大自然反撲之天災，人類必自食惡果。

人類破壞自然環境的惡行多到不勝舉發，其原始之因，無非是人類無窮盡的欲望和貪婪。如此也帶來人類諸多「文明病」與「無明病」的產生，許多病症在醫學家仁心巧手的醫療下得到治標的醫治，這的確讓許多為病所苦的人們得到去身病的苦痛；但是，有關於心病的根治，卻得需要自悟的心，方能得到根本的自在解脫。

第二節　宗教之慈善事業

世界宗教多以慈善作為設教宗旨，劉仲宇在〈當代中國人的宗教信仰與精

〔註9〕鳩羅摩什譯：《金剛般若波羅蜜經》卷1，（CBETA, T08, no. 235, p. 749, a12～16）。

〔註10〕鳩羅摩什譯：《金剛般若波羅蜜經》卷1，（CBETA, T08, no. 235, p. 749, b18～21）。

〔註11〕鳩羅摩什譯：《金剛般若波羅蜜經》卷1，（CBETA, T08, no. 235, p. 752, a28～b2）。

神追求〉一文中，文末提及宗教對當代中國人精神生活生活影響的總體評價中言及：當中國共產黨提倡社會主義精神文明建設的時候，各宗教都抱著積極回應的態度。……參與精神文明建設，是宗教信仰者看得見的表現，其實，各種宗教場所，各宗教為滿足信眾的宗教需要提供了條件，讓大約三億多人健康、有序地過好宗教生活，本身是社會安定的一個重要條件，也是中國宗教對於社會和諧所做的貢獻。因為這些人的精神有了寄託，心境安寧，而且還或多或少地從各自信仰中汲取了道德戒條，遵守著最基本的一些行為規範，大大增加了抵制社會上不良文化污染的能力。因為信仰才有希望，有追求，無論其追求的動力為何，向善的一面，遠離惡行的一面，總是主要的。〔註12〕

一、宗教的社會責任

　　隨著時間的進程，加上整體社會變遷所造成的社會分化，宗教團體除了配合政府政策外，很難有生存和發展空間。臺灣隨著政治體制轉變，解嚴之後，加快了自由化與民主化，加上《人民團體法》的制定，促使人民團體紛紛成立，許多宗教團體不論是傳統宗教或新興宗教，都獲得自由登記的空間。有以一般社會團體或基金會的形式成立，或者直接以宗教財團法人、宗教社團法人型態出現在政府許可下取得合法生存與空間，進行宗教傳佈和實踐宗教理的方式。

　　過去宗教的留存與擴張，主要以宗教教義的宣揚與實踐、宣說宗教靈修經驗，或以投入宗教組織、宗教信仰或宗教儀式為主。而現在的新興宗教團體，除了以上的主題仍然保留以外，更增多了「社會責任」問題的取向，新興宗教團體對社會苦難、社會責任及社會實踐等方面，對於宗教的「賑災」與「救劫」面向的議題，仍是現今諸多宗教團體成立的主要訴求。或有擴而大之以「全球苦難」、「全球責任」為視角的救難觀。

　　這世界正處於苦難之中這苦難是如此普遍、如此緊迫；我們不得不歷數其表現行式、以便明白這種痛苦的深度。……我們的世界正經歷著一場根本的危機，一場發生在全球經濟、全球生態和全球政治中的危機。……因此，若無一種全球性的倫理，就不可能有更美好的全球性秩序。〔註13〕

〔註12〕劉仲宇：〈當代中國人的宗教信仰與精神追求〉，《宗教哲學》（季刊，54 期，2010 年 12 月 15），頁 46～47。

〔註13〕〔德〕孔漢斯、庫舍爾編，何光滬譯：《全球倫理：世界宗教議會宣言》（成都，四川人民出版社，1997 年），頁 3-7-1。

「苦難」對尼特而言，不單指「人類的苦難」，亦包含了「地球、生態的苦難」。尼特引用了大量的資料和結論、以描繪出一幅「全球苦難」的臉譜。包括：

1、因「貧窮」所造成的饑餓、疾病等「身體的苦難」。

2、因「濫用」地球的資源、破壞生態環境所造成的「地球的苦難」。

3、因錯誤與不公正的「傷害」，所造成的「精神的苦難」。

4、因武裝、軍事「衝突」所造成的「暴力的苦難」。

尼特同時強調，我們生活中的三個倫理先見：

1、作為個體的人和作為共同體的人都擁有一種「全球責任」，即有責任增進受威脅的人類和地球的福祉和生命。

2、此責任不可能由個體或單獨的共同體各自貫徹，「全球責任」是共同的責任，亦是一項共同的事業。

3、如果在倫理價值、觀念和行動方針沒有共同的一致，那麼此一共同的事業就不可能。〔註14〕

因此尼特呼籲，我們需以「全球倫理」為旨歸的全球對話，貫徹「全球責任」，而此責任必定是所有宗教間對話的一個重要部分，甚至是關鍵所在。

當前人類生存環境越來越惡化，是人類因於欲望和貪婪，對自然資源過度開發、對生態環境的恣意破壞。科學家們以為為未來尋求新資源，而大肆開山竭河，以及軍事家窮兵黷武，製造核彈試暴，以為宣誓自家武力之強大，這些都是大自然遭破壞的大因。其他尚有因人類不當的發明，如石油、塑膠等石化、生化用品的製造發明，雖然帶給人類生活幾許上的方便，卻為自然環境帶來更大的破壞。〔註15〕

有些新興宗教團體除了傳播真理與「渡人」之外，亦投入大量人力、物力從事心靈和社會的教育、教化工作。或有一些較具規模的宗教團體，綜合其財力、物力、人力創辦醫院，直接實行其「醫人救世」的藥師佛經神，如屬基督教屬性的馬偕醫療、基督教醫院等，天主教屬性的耕莘醫院、若瑟醫院、聖瑪爾定醫院等，佛教屬性的慈濟醫院，道教屬性的恩主公醫

〔註14〕 **Paul F. Knitter** 著，王志成、思竹、王紅梅譯：《一個地球多種宗教‧多信仰對話與全球責任》（北京，宗教文化出版社，2003 年），頁 112。

〔註15〕 莊政憲：〈當代臺灣新興宗教領秀的「社會實踐觀」──以社會苦難與社會責任為例〉《輔仁宗教研究》，（臺北，輔仁大學宗教學系，第二十三期，2011），頁 140～141。

院等等。

　　佛教基本理論中「六度」指：布施、持戒、忍辱、精進、禪定、智慧，其中「布施」是「六度」的首要精神，重點是要梵行者能捨貪及棄我執，進而能以「利他」的心造福他人。宗教團體擴而大之即形成社會責任救助的精神，表現於實際行動的，就是政府的社會福利制度或民間的急難救助，及類似如此種種的人道救濟，不論是實質的資身物資的「財施」或無實質的經神「法藥」布施，都非常契合《藥師經》中十二大願濟世觀。

二、非營利組織（NGO）救濟事業

　　以非營利組織〔註16〕（Non-governmental organization，縮寫為NGO）是一個獨立於政府，不由國家建立的組織。根據聯合國新聞部的定義：「非政府職組織是在地方、國家或國際級別上組織起來的非贏（營）利性的、自願公民組織。非政府組織面向任務，由興趣相同人們推動，它們提供各種各樣的服務，和發揮人道主義作用，向政府反映公民關心的問題、監督政策、和鼓勵在社區水平上的政治參與。他們提供分析和專門知識，充當早期預警機制，幫助監督和執行國際協定。有些非政府組織是圍繞諸如人權、環境或健康等具體問題組織起來。他們與聯合國系統各辦事處和機構的關係會因其目標、地點和任務不同而有所差異。」〔註17〕

　　非營利組織救濟事業的機構，每個國家都有或多或少的專責事業部門。就台灣而言，目前較具規模的非營利組織（NGO）救濟事業社福慈善團體，在此簡介臺灣六個主要的非營利組織救濟機構：

（一）中華民國紅十字總會

　　中華民國紅十字會成立百多年來，經歷日俄戰爭、清末的動盪、民初軍閥割據、年抗戰等戰亂，民國三十八年隨政府遷台後，又先後執行各種醫療服務與急難救助、推廣急救與水上救生訓練、推廣家庭保健與居家照顧。在國人飽受戰手和災變肆虐時紅十字會不僅從未缺席，而且還有無數的無名英雄，用他們的犧牲和奉獻，印證了紅十字的精神——博愛、人道、志願服務，

〔註16〕非營利組織。（Non-profit organization，縮寫 NGO），適當定義為「不以營利分配為目的的組織」，說明組織的存在目的，非在賺取利潤，而再實現一個「公益的使命」，屬了組織的發展與永續經營。

〔註17〕賴柏毓：《全球性非營利慈善團體發展策略之個案探討——以慈濟基金會為例》（國立中興大學高階經理人班，碩論，2009 年 7 月），頁 6。

更用他們的生命和行動實踐了紅十字會的理想。〔註 18〕

中華民國紅十字會一直是公益關懷的先行者，是世界愛心的連結者、災難就先鋒，朝向「服務多元化、社區深耕化、志工專業化、管理制度化、資訊數位化」等五大方向努力。而其組織主要服務項目有三大類：1、人道服務。2、教育訓練。3、志工團隊。目前由紅十字總、分、支會所成立的志工團隊，包括其下的團隊，並在全國每個角落默默地協助政府、社會進行各項服務工作，發揮紅十字會博愛、人道及自願服務的宗旨。目前紅十字會有救災隊、水上安全救生團隊、居家照顧服務團隊、急救教練團對、青少年服務團隊等〔註 19〕。

（二）中華民國展望會（台灣世界展望會）

1950 年，依位美籍宣教士鮑伯・皮爾斯，因為看見世界楚在戰火、貧窮中的孩子，他向上帝禱告：「願上帝心碎的事，也讓我心碎。」於是他開始呼籲美國的基督徒奉獻時間和金錢，幫助在戰火中苦難生靈，並成立了世界展望會。

台灣世界展望會設立於 1964 年，多年來照顧國內貧困弱勢的足跡，由偏遠山區、離島、濱海地區。擴大至現代化大都會所衍生的社會問題，並帶動國人投入關懷全球貧童與人道救援的行列，台灣的愛心擴及全球 70 餘個國家。1990 年起，台灣世界展望會加入國際世界展望會全球關懷與救援的行列，透過「資助兒童計劃」、「飢餓三十～人道救援行動」、「發展型計劃」，國人的愛心擴及全球貧苦、戰亂、飢荒國家的需要，自此展開台灣愛心援外的重要里程碑。〔註 20〕

（三）中華社會福利聯合勸募協會

中華社會福利聯合勸募協會，於 1992 年 10 月 17 日於台北世貿中心聯誼會成立大會，協會宗旨是透過一個專責募款的機構，有效地結合社會資源，並統籌合理地分配給需要的社會福利機構或團體，如此社會福利機構得以專心推展服務計劃，而社會大眾也可避免重複募款的干擾。〔註 21〕

〔註 18〕　賴柏毓：《全球性非營利慈善團體發展策略之個案探討——以慈濟基金會為例》（國立中興大學高階經理人班，碩論，2009 年 7 月），頁 8。

〔註 19〕　賴柏毓：《全球性非營利慈善團體發展策略之個案探討——以慈濟基金會為例》（國立中興大學高階經理人班，碩士學位論文，2009 年 7 月），頁 9～10。

〔註 20〕　賴柏毓：《全球性非營利慈善團體發展策略之個案探討——以慈濟基金會為例》（國立中興大學高階經理人班，碩論，2009 年 7 月），頁 10。

〔註 21〕　賴柏毓：《全球性非營利慈善團體發展策略之個案探討——以慈濟基金會為

（四）佛光山慈悲社會福利基金會

佛光山慈悲基金會籌設於民國七十八年，由創辦人星雲大師領導，專門辦理老人、兒童、青年、婦女等之福利，及急難救助、貧困喪葬補助、義診、佛光友愛服務等項目。基金會秉持大師的理念相繼成立：監獄教化組（1963）、急難救助會（1967）、接辦蘭陽仁愛之家（1967）、組成觀音放生會（1969）、創辦大慈育幼院（1975）、佛光診所（1976）、佛光精舍（1976）、冬令賑濟會（1981）、雲水醫院（1984）、友愛服務隊（1985）。並與法務部合作，大師在台南明德戒治分間長期駐監，輔導教化佛教戒治班的吸毒者（1995），並與高雄縣政府合作經營全省第一家公辦民營的老人公寓——松鶴樓（1998）。〔註22〕

佛光山慈悲基金會的服務項目分四大類：1、急難救助。2、監獄教化。3、雲水醫療系統。（即佛光診所與雲水醫院整合為佛光聯合門診）4、大慈育成中心。〔註23〕等四大福利單位。

（五）法鼓山慈善基金會

法鼓山自民國四十五年起，自聖嚴大師的師父東初老人時，即秉持佛陀慈悲濟世的精神，對北投及鄰近地區以物資、金錢等作固定的濟貧事業，並長期在台北榮總醫院作頻並關懷慰訪。於民國八十八年籌設「法鼓山社會福利慈善事業基金會」併於九十年獲准成立，於此法鼓山在台灣各大災難的救助上，積極參與。

法鼓山的成立、發展主要是「提倡全面教育」、「落實整體關懷」，推動大學院教育、大普化教育、大關懷教育等三大教育。其所推動的慈善事業屬於「大關懷教育」的一環。法鼓山慈善基金會的主要服務項目如下：

1、低收入戶之慰問與救助。

2、老人、殘障、婦幼等弱勢團體個人之慰問與救助。

3、社會清寒住戶及其他傷病、急難、變故之慰問與救助。

4、國內外災害救助。

例》（國立中興大學高階經理人班，碩論，2009 年 7 月），頁 11。

〔註22〕 賴柏毓：《全球性非營利慈善團體發展策略之個案探討——以慈濟基金會為例》（國立中興大學高階經理人班，碩論，2009 年 7 月），頁 12～13。

〔註23〕 賴柏毓：《全球性非營利慈善團體發展策略之個案探討——以慈濟基金會為例》（國立中興大學高階經理人班，碩論，2009 年 7 月），頁 13。

5、配合民間相關機構處理之慈善公益事項。

6、舉辦或贊助上述事項之人才培訓。

7、其他有關慈公益善事項。

法鼓山慈善基金會成立以來除了積極進行各種慰問訪視，關懷與急難救助外，更重視聖嚴法師提出的「心靈環保」觀念，引導世間受苦受難者建立生命的目標，提供未來的希望，重新點亮生命的火光。〔註24〕

（六）慈濟基金會

慈濟基金會是台灣慈善團體，其前身是證嚴法師在 1966 年 4 月 14 日於花蓮創立之「佛教克難慈濟基功德會」，於 1967 年逕稱為「慈濟功德會」，並於 1994 年由內政部核准成為「財團法人中華民國佛教慈濟慈善事業基金會」，而成唯一個全國性的財團法人。

慈濟功德會秉持著佛教「無緣大慈，同體大悲」的精神，開展「四大志業、八大法印」，即慈善、醫療、教育、人文、國際賑災、骨隨捐贈、環境保護、社區志工等八大項目。志業間環環相扣、相輔相成，以「尊重生命」的精神，對苦難地方與國度，作人道關懷與援助。〔註25〕

賴柏毓說明慈濟事業的服務項目是秉持著「福田一方邀天下，心連萬造慈濟天下」的理念，慈濟基金會主要服務項目有下列四項：

1、大慈無悔，慈善志業國際化。

國內長期貧戶照顧、急難救助、居家關懷、國際賑災、……，立足台灣、放眼天下、用大愛走向地球村，祈願天下無災無媏。

2、大悲無悔，醫療志業普遍化。

地區醫院、骨髓資料庫、兒童發展復健中心、山區及離島義診、……，尊重每個獨一無二的生命，慈濟醫療網讓每個家庭有安心做後盾。

3、大捨無求，教育志業完全化。

用愛做沃土，良能與功能並重。幼稚園、小學、中學、大學、研究所……，慈濟認真培養下一代。

4、大喜無憂，人文志業深度化。

〔註24〕賴柏毓：《全球性非營利慈善團體發展策略之個案探討——以慈濟基金會為例》（國立中興大學高階經理人班，碩士學位論文，2009 年 7 月），頁 13～15。

〔註25〕賴柏毓：《全球性非營利慈善團體發展策略之個案探討——以慈濟基金會為例》（國立中興大學高階經理人班，碩論，2009 年 7 月），頁 15。

　　服務社區、機構關懷、環境保護……，慈濟志工為祥和社會做清流。雜誌、書籍、廣播、電視、網際網路……，慈濟人文志業為淨化人心做先鋒。

　　今日台灣佛教慈濟事業基金會，是一個國際性的 NGOs，倡導佛陀的「慈悲」精神，以取之於社會，用之於社會的認識，大力推廣社會慈善救濟工作。〔註 26〕

　　這種特有的慈濟醫療人文，隨著慈濟人的腳步，從過去古早的義診時代，邁向今天遍布全省的志工精神；也因為依循大愛無國界的理念，更將人間菩薩的千手千眼伸向國際，用無窮的愛心為病患解憂，帶來希望。在天災頻傳、人禍不息的世界中，所有海內、外的慈濟志工，常常忘卻自身安危與利益，為搶救生命而奔波險地，為眾生苦痛而深入災區。他們從來不停止腳步，而唯有全力以赴，以人道關懷的堅定信念，用至情至性的大愛精神，對苦難生命許下承諾，為時代歷史留下人性光明的見證。〔註 27〕

　　彭嘉麗在《佛教青年之宗教獻身與消費文化——以台灣慈濟、佛光山為例》一文中說明慈濟宗教團體在 1966 年成立，所提倡的概念是，節約是為了濟貧救世，使人民離苦得樂，並形塑團體認同。慈濟興辦「公益慈善事業」，救助貧苦，彌補社會福利政策的不足，又明言成員不得參與政治示威相關活動。慈濟曾獲「優良寺廟」的榮譽，其創辦人亦曾獲得政府表揚的好人好事代表。〔註 28〕

　　以上是謝元凱、彭嘉麗對慈濟宗教團體的評述。於實際狀況而言，相信如此的情況也存在世上許多國家 NGO 組織、宗教團體或非宗教團體的藥師佛精神之「濟世」法則與實際行動當中。

〔註 26〕賴柏毓：《全球性非營利慈善團體發展策略之個案探討——以慈濟基金會為例》（國立中興大學高階經理人班，碩論，2009 年 7 月），頁 16。

〔註 27〕謝元凱：《膚慰人間的病——慈濟四大志業醫療篇》（臺北：天下遠見，2008 年 2 月），頁 113～114。

〔註 28〕彭嘉麗：《佛教青年之宗教獻身與消費文化——以台灣慈濟、佛光山為例》（國立清華大學社會學研究所碩士論文，2009 年 6 月），頁 34。

第五章 結 論

第一節 本文研究成果

　　藥師信仰本於大乘佛教的精神，於大乘佛教多佛的十方世界中，確立屬於東方淨琉璃世界之佛國淨土，以教化醫療爲主的教化系統。在佛教爲主的濟度眾生精神與大醫王思想的融合，爲滿足眾生治癒疾病、免除痛苦的願望，以藥師佛的超自然治癒能力，因相應力得以除去眾生病苦甚或國難，此是與其他諸佛的功德說較爲專屬醫療的屬性。而詳細觀察藥師十二大願之所用除病解厄解脫法，即是以稱名藥師佛本尊之名號，以及遵行佛教中之諸修行法則，包括教法、戒律與行儀，作爲拔除一切業障的主要法藥。

　　本文之論述除了詳談《藥師經》之緣由、十二大願與經本內容的說明，並敘說顯、密教在儀軌上的相異處、佛家所謂「病」之緣由及解脫法。也說明說明藥師佛十二大願的基本要義，並引出現代社會實現藥師佛精神的實踐家即是非營利組織（NGO）的救濟事業。或者應該擴而大之的說每一位具有想要救助他人的人，即是實現藥師佛精神的現代「藥師佛」。

　　《藥師經疏鈔擇要》中言教起因緣有十因：

　　一、爲顯佛名行願德者。爲顯揚藥師佛行願功德。

　　二、爲利像末諸有情者。爲利樂末法諸有情。

　　三、爲轉罪苦爲福樂者。祈冀眾生得聞《藥師經》而得法樂。

　　四、爲改邪惡歸正善者。願引發眾生去惡向善之心。

　　五、爲回權小向實大者。得聞《藥師經》者去小乘而入大乘。

六、為起因位得佛果者。能生發心而向佛果。

七、為斷三障習氣種者。聞《藥師經》得去煩惱障、業障、報障。

八、為示三觀甚深行者。示空觀、假觀、中觀之行者以入世義。

九、為勸念佛見佛性者。勸行念誦《藥師經》能明瞭藥師佛濟世佛性。

十、為指淨土念往生者。《藥師經》示現藥師淨土而願往住世。〔註1〕

此十因雖說是伯亭老人所謂之緣起因，亦係本論研究欲達之成果。

《法華經‧譬喻品》中云大乘佛法乃出離火宅之要道；

> 「舍利弗！若有眾生，內有智性，從佛世尊聞法信受，慇懃精進，
> 欲速出三界，自求涅槃，是名聲聞乘，如彼諸子為求羊車出於火宅；
> 若有眾生，從佛世尊聞法信受，慇懃精進，求自然慧，樂獨善寂，
> 深知諸法因緣，是名辟支佛乘，如彼諸子為求鹿車出於火宅；若有
> 眾生，從佛世尊聞法信受，勤修精進，求一切智、佛智、自然智、
> 無師智，如來知見、力、無所畏，慇念、安樂無量眾生，利益天人，
> 度脫一切，是名大乘，菩薩求此乘故，名為摩訶薩，如彼諸子為求
> 牛車、出於火宅。〔註2〕

佛法比喻大乘是載著多數人成就的大車；小乘是載著少數人成就的小車。其中所說大、小乘法門是不分對象，欲將所有人都正確地載往真實覺悟境地之所比擬的大車。「小乘」僅是乘載聲聞、緣覺等之成就者；大乘菩薩道精神的特色在「利他」，即自己到達彼岸覺悟之境後，也一併救渡其他一切眾生。佛法存在於人們心中，是因宗教信仰善意識的產生而實現在生活中的善行。而大乘經典不但是信仰的產物，也是累世先知大德及諸多正覺證知佛法成就法門的智慧。大乘佛教的成立及其歷史發展，與其說是人類「佛法信仰」的歷史，毋寧說是「人成佛」的歷史，藥師佛法門即是成就佛境地的入世法門。

非營利組織（NGO）的救濟事業，如同實行與佛同等知性的《藥師經》中所發之十二大願一樣，並且肯定世界上有許多不可知的角落，也有許多人在作如「藥師佛」般的善行人。佛教界希望使藥師佛的救世精神能實際施行

〔註 1〕伯亭老人疏鈔，普霖摘要：《藥師經疏鈔擇要》（臺北，佛陀教育基金會，1989
年），頁3～7。

〔註 2〕鳩羅摩什譯：《妙法蓮華經》卷2〈3 譬喻品〉，（CBETA, T09, no. 262, p. 13, b18
～29）。

於現世，並且繼續擴大，世代傳延下去。「即心即佛」的要義，說明充滿善行的「人間」即是「佛境」，至於世界、國家或社會的圓滿與否，是梵行者一致努力的，於累世流轉中以為重要並且必行之願力。

第二節　本文之研究限制及討論

本文之限制在於，研究過程中筆者努力尋求資料，並期深解義趣，以述說人類善性的發揮，如藥師佛之十二大願，能施行於世間，使社會顯得祥和，如同《藥師經》中所說藥師佛的淨地一般。但經典的要義總不能說盡，蓋因：

一、佛法精深浩瀚。佛法精深，其要義實與眾生一生的生活息息相關，凡人週遭的相關事、物，皆存在著佛法的精義，眾生之理解性多有不足，乃因具凡人之習性與蒙昧。

二、佛性深悟者渺。佛法深奧，唯一「心」字重要，然「迷者」如牛毛，「悟者」若牛角。真深趣小乘者眾，識大乘真義者若山蘭，但總有因為善知識之指點，或能漸悟、或能頓悟，皆是心性之差異使然。

三、人間苦樂參半。人們生於世間，總有肉身之苦的生、老、病、死。世間人們也多因業力牽引，病、苦、迷、惑的人居多，而學習佛法者多以能得到世間福報為依止，人間之樂在於有人之身軀得以修持佛法，並獲得佛法理趣，以此，以助人為樂的行持無有期限。

四、研究能力限制。為此論筆者較乎往常努力的深度研究藥師法門，但仍覺不能盡意，是時間之限制亦或理解力之不足，或是資料尋找、摘取之我執？猶恐三者皆是。

「道問為學」是知識上的取得與運用，其中具自己主觀上的認知與客觀上分析，才能真正認識道學上真正的立意與內涵。前述二種的加總與清晰分辨之後，落實於自身與所相容的社會環境，就是與「世間眾生」的互動。以己身所學之認知，實際應用於社會大眾──眾生，這是一種菩薩行。學問取之於人間，亦應用之於人間，才是「活的知識」，就像「師者所以傳道、授業、解惑也」的傳承予未知者一樣。《藥師經》是釋迦牟尼佛所說佛教入世之濟世觀的經典，世人得聞《藥師經》是一件可喜的事。能明瞭藥師佛大願之真義更是一種「知佛見性」的事。能以同樣的慈善佛心，將慈、悲、喜、捨的菩提心，行濟世救人之德更是一件值得推廣的善行。明瞭佛心者如何以所持佛

心應用於世而能不懈怠，也不居功，實現「三輪體空」，實際的濟世行動一再在考驗梵行者之智慧。

至於文中所各章皆尚有待開展之空間，如：

一、顯教、密教教義之闡述。

二、佛教醫學所運用方式或所達之成果實記。

三、《藥師經》十二大願功德性之延伸事項。

四、藥師精神之宗教社會救助的困境等。

五、各宗教與其醫療事業間之主副關係。

六、及其它尚未發覺之討論議題。

第三節　建議與未來展望

就宗教學而言，每一宗教立於當時社會，皆具有三層次：個人、學術與社會。用傳統佛教術語而言此即是：個人為道、道問為學、與世間眾生等三個層次。

「個人為道」不僅指個人在學術上研修的努力，個人信仰與人格上的認知，尚包括境界上的證悟。「道問為學」表現於真實境的現象是，自身的授業導師只能作學問上的指導，學問認知上的修證如何表現在形式上的抉擇尚須用自心悟證。與「世間眾生」的互動上，佛學者以善巧方便指導眾生佛學，使證得正道與果位，是一種菩薩行。醫療者就其所學，依眾生的病證施予不同的方劑，使其恢復健康，是一種菩薩行。為父母者，小心呵護並以自己的知識教養子女，使其健康成長，並期冀他能一展長才，利益社會，是一種菩薩行。對失意的人給予鼓勵，使他因而奮發向上，這是一種菩薩行。如此種種，社會上存在著無數量的菩薩行，倘若擴及大部分的人都具有正知、正見、正行，則此社會便存在著無數量的菩薩。如此充滿善意、和樂的社會與天上佛境並無差別，此與太虛大師所說「佛法在人間」無異，也實現了藥師佛的清淨琉璃世界，世人對此「烏托邦」的世界，正是努力的目標與實踐。

《藥師琉璃光如來本願功德經》中所發揚的是入世的濟世精神，其中的十二大願，不僅欲救渡眾生的身，也欲救渡眾生的心，是現在多數佛教慈善團體所秉持的中心思想，也是許多梵行者的皈依大願與入世、出世精神。於此相信世界中雖有不同國度與人種，對於具成熟人格思想的人而言，「慈悲的

善待他人」是許多種姓的行為準則，此與經典所說：

《如意寶珠轉輪秘密現身成佛金輪咒王經·如意寶珠品》：

> 諸佛、菩薩能有四種寶珠，所謂慈、悲、喜、捨寶，以施二十五有
> 諸有情類。是則法界海中有金剛寶幢，上以是寶珠，我常普以戒、
> 定、慧功德寶財，為一切有情，令得滿足六波羅密、十地皆（階）
> 梯、八萬法藏，人間龍宮雖在近境水陸果報，亦別異故，人閒（間）
> 亦有如意寶珠。〔註3〕

如此述盡人、佛無別的境界，唯在乎一己之發心與付諸行為的「證悟」，「勿以惡小而為之；勿以善小而不為」，看似小乘證地「諸惡莫做、眾善奉行」，日後也是成就大乘果位的證悟。只要諸修行者們共同努力，一步一行精進不懈的實行藥師佛精神，必可使社會達到《藥師琉璃光如來本願功德經》中所說清淨、自在的「東方藥師琉璃光世界」，亦必定能讓眾生皆能得福德、智慧二種利益，共存於自在安樂的藥師佛利樂佛剎之中。

〔註 3〕唐·不空譯：《如意寶珠轉輪祕密現身成佛金輪咒王經》卷1〈3 如意寶珠品〉，（CBETA, T19, no. 961, p. 332, a15～21）。

參考書目

一、專書

（一）中文

1. 清・適理撰，民・何子培解：《藥師經旁解》（臺北：新文豐出版，1978年4月）。

2. 楊紹南著：《宗教哲學概論》（臺北，臺灣商務書局，2002年1月）。

3. 劉仲容、林天河：《宗教、哲學與生命》（臺北：空中大學用書，2009年8月）。

4. 林天民：《宗教與現代人生》（臺北：臺灣商物書局，2004年5月）。

5. 清・汪昂原著：《本草備要》（臺北：志遠書局，1990年10月，二版八刷）。

6. 周紹賢：《佛學概論》（臺北：臺灣商務書局，2001年5月）。

7. 呂澂：《印度宗教思想》（臺北：新文豐出版，1975年）。

8. 張達愚：《西藏佛學史論集》（臺北：文殊出版設，1987年5月）。

9. 劉立千：《印藏佛教史》（臺北：妙吉祥出版社，1989年1月）。

10. 李一宏編：《金匱要略》（臺北：明師出版，1996年11月）。

11. 吳國定輯著，《內經診斷學》（臺北：昭人出版社，1998年3月）。

12. 孫安迪：《身心靈養生的醫學觀》（臺北：金菠蘿文化出版，1998年7月）。

13. 楊定一：《真原醫》（臺北：天下雜誌出版，2012年2月）。

14. 高觀如著：《佛學講義》（臺北：圓明出版，1992年10月）。

15. 太虛大師等述：《殊勝的藥師如來法門》（臺北：佛陀教育基金會，2008年3月）。

16. 釋太虛：《藥師經講記》（臺北：文殊出版社，1987 年 10 月）。

17. 歐子陵編：《藥師如來法彙》（臺北：迦陵出版社，1997 年 10 月）。

18. 釋印順著：《藥師經講記》（北京：中華書局，2010 年 6 月）。

19. 冉雲華：《從印度佛教到中國佛教》（臺北：東大圖書，1995 年 11 月）。

20. 多覺覺達格西撰：《密乘法海》（臺北：新文豐出版社，1987 年 6 月）。

21. 謝元凱：《膚慰人間的病──慈濟四大志業醫療篇》（臺北：天下遠見，2008 年 2 月）。

22. 吳汝君：《龍樹中觀的哲學解讀》（臺北：臺灣商務書局，1997 年 10 月）。

23. 謝路軍、潘飛著：《中國佛教文化》（吉林：長春出版社，2011 年 1 月）。

24. 清‧吳謙纂修，民‧馬建中編著：《中醫診斷學》〈四診心法要訣〉（台北：國立編譯館，1998 年 6 月）。

25. 清‧吳謙等編纂，李一宏精編：《金匱要略》（臺北：明師出版，1996 年 11 月）。

26. 黃維三著：《針灸科學》（臺北：正中書局，1997 年 8 月）。

27. 談錫永：《密宗儀軌與圖式》〈西藏密宗的儀軌〉（大乘文化出版社，1979 年 4 月）。

28. 張曼濤主編：《密宗概論》（大乘文化出版社，1979 年 1 月）。

29. 吳定國輯著：《內經解剖生理學》（台北：國立中國醫藥研究所出版，1999 年 4 月）。

30. 釋慧舟等編：《佛教儀式須知》（臺北：佛教出版社，1988 年 4 月）。

31. 多傑覺達格西撰：《密乘法海》（臺北：新文豐出版社，1987 年 6 月）。

（二）外文

1. Huston Smith 著，劉述先校定，劉安雲譯：《人的宗教》（臺北：立緒出版社，2009 年 4 月）。

2. 〔美〕John Wiley & Sons,Inc. 陳金山、徐淑媛編譯：《簡明人體解剖學與生理學》（台北：合記出版社，2008 年 10 月）。

3. 〔日〕川田洋一，許洋主譯：《佛法與醫學》（臺北：東大出版社，2007 年 2 月）。

4. 〔日〕武邑尚邦著，馮振隆譯：《佛教思想辭典》（高雄：明修醒世協會，2011 年 8 月）。

5. 〔日〕上田義文著，陳一標譯：《大乘佛教思想》（臺北：東大出版社，2002 年 5 月）。

6. 〔美〕HRTHUR C. GUYTON, M.D. & JOHN E. HALL, Ph.D.原著，林佑穗、袁宗凡編譯：《新編蓋統醫用生理學》（台北，合記書局，2005 年 1

月）。

7. 〔德〕孔漢斯、庫舍爾編，何光瀘譯：《全球倫理；世界宗教議會宣言》（成都，四川人民出版社，1997 年），頁 3-7-1。

8. 〔美〕Paul F. Knitter 著，王志成、思竹、王紅梅譯：《一個地球多種宗教‧多信仰對話與全球責任》（北京，宗教文化出版社，2003 年）。

二、引用論文

（一）期刊論文

1. 盧雲：〈弘一大師傳〉，《佛教文化季刊》，（第一卷，第二期，1965 年）。

2. 劉仲宇：〈當代中國人的宗教信仰與精神追求〉，《宗教哲學》季刊，第 54 期，2010 年。

3. 莊政憲：〈當代臺灣新興宗教領秀的「社會實賤觀」──以社會苦難與社會責任爲例〉《輔仁宗教研究》（臺北，輔仁大學宗教學系，第二十三期，2011 年 9 月）。

（二）學位論文

1. 傅楠梓：《中古時期的藥師信仰》（新竹，玄奘人人文社會學院宗教學研究所論文，2001 年）。

2. 巫秋蘭：《佛教非營利事業管理思想初探──以藥師佛十二大願爲例》（嘉義，南華大學非營利事業管理研究所碩士論文，2007 年 6 月）。

3. 賴柏毓：《全球性非營利慈善團體發展策略之個案探討──以慈濟基金會爲例》（台中，國立中興大學高階經理人班，碩士學位論文，2009 年 7 月）。

4. 彭嘉麗：《佛教青年之宗教獻身與消費文化──以台灣慈濟、佛光山爲例》（新竹，國立清華大學社會學研究所碩士論文，2009 年 6 月）。

5. 謝宜靜：《戴德森與早期嘉義基督教醫院發展之研究──以戴德森私人信函的史料爲中心》（嘉義，中正大學碩士論文，2004 年 7 月）。

6. 廖珮均：《藥師經對現代安寧療護觀之啓示──以乳癌病患爲對象之研究》（台北，華梵大學碩士論文，2009 年 1 月）。

7. 吳惠莉：《宗教醫院組織文化與中高階主管組織承諾之調查研究》（碩士論文，台北，國立台灣大學公共衛生學院醫療機構管理研究所，2007 年 7 月）。

三、引用古籍

1. 唐‧釋琺海：《六祖壇經》（臺中，瑞成書局，2008 年 4 月）。

2. 宋‧王湜：《四庫術數類叢書》（上海，上海古籍出版社）。

3. 清·吳謙纂修，馬建中編著：《中醫診斷學》〈四診心法要訣〉（台北：國立編譯館，1998 年 6 月）。

4. 清·《古今圖書集成·奇門遁甲》，（台北，集文書局，1990 年 2 月）。

5. 清·葛洪著：《抱朴子》（台中：創譯出版社，1981 年 6 月）。

四、引用經典

1. 姚秦·鳩摩羅什譯：《大正藏》《佛說維摩詰經》卷 1，〈5 諸法言品〉。

2. 姚秦·鳩摩羅什譯：《大正藏》《維摩詰所說經》卷 2。

3. 姚秦·鳩摩羅什譯：《大正藏》《思惟略要法》卷 1。

4. 北涼·曇無識譯：《大正藏》《大般涅槃經》卷 12，〈7 聖行品〉。

5. 北涼·曇吳識譯：《大正藏》《大般涅槃經》卷 4，〈4 如來性品〉。

6. 元魏·月婆首那譯：《大正藏》《僧伽吒經》卷 4。

7. 元魏·慧覺等譯：《大正藏》《賢愚經》卷 6，〈30 月光王頭施品〉。

8. 劉宋·畺良耶舍譯：《大正藏》《佛說觀藥王藥上二菩薩經》卷 1。

9. 劉宋·求那跋陀羅譯：《大正藏》《佛說輪轉五道罪福報應經》卷 1。

10. 法救撰，吳·維祇難等譯：《大正藏》《法句經》。

11. 曹魏·康僧鎧譯：《佛說無量壽經》卷 1。

12. 龍樹造，後秦·鳩羅摩什譯：《大正藏》《大智度論》。

13. 東晉·法顯譯：《大正藏》《大般涅槃經》卷 1。

14. 淨意造，後魏·菩提流支譯：《大正藏》《十二因緣論》卷 1。

15. 西晉·法護譯：《大正藏》《修行道地經》卷 5〈23 數息品〉。

16. 西晉·竺法護譯：《大正藏》《文殊師利佛土嚴淨經》卷 1。

17. 隋·天台智者大師說門人灌頂記：《大正藏》《菩薩戒義疏》卷 1。

18. 隋·吉藏撰：《大正藏》《勝鬘寶窟》卷 1。

19. 隋·智顗說，法慎記：《大正藏》《釋禪波羅蜜次第法門》卷 4。

20. 隋·智顗說：《大正藏》《摩訶止觀》卷 6。

21. 唐·玄奘譯：《大正藏》《藥師琉璃光如來本願功德經》卷 1。

22. 唐·玄奘譯：《大正藏》《本願藥師經古跡》卷 1。

23. 唐·玄奘譯：《大正藏》《瑜伽師地論》卷 42。

24. 世親造，唐·玄奘譯：《大正藏》《大乘成業論》卷 1。

25. 唐·玄奘譯：《大般若波羅蜜多經》卷 585。

26. 唐·玄奘譯：《大正藏》《大般般若波羅蜜多經》卷 53，〈15 辨大乘品〉。

27. 唐·一行記：《大正藏》《大毘盧遮那成佛經疏》卷 1，〈1 入真言門住心

品〉。

28. 唐・一行述記：《大正藏》《大日經義釋》卷 14。

29. 唐・一行撰：《大正藏》《藥師琉璃光如來消災除難念誦儀軌》卷 1。

30. 唐・一行述記：《大正藏》《大日經義釋》卷 10。

31. 唐・法藏述：《大正藏》《華嚴經探玄記》卷 8〈21 金剛幢菩薩迴向品〉。

32. 唐・菩提流志譯：《大正藏》《大寶積經》卷 35，〈1 開化長者品〉。

33. 唐・普光述：《大正藏》《俱舍論記》卷 13，〈4 分別業品〉。

34. 無著造，唐・波羅蜜多羅譯：《大正藏》《大乘莊嚴經論》卷 13。

35. 梁・諸大法師集撰：《大正藏》《慈悲道場懺法》卷 4。

36. 宋・天息災譯：《大正藏》《分別善惡報應經》卷 1。

37. 宋・法賢譯：《大正藏》《信佛功德經》卷 1。

38. 宋・法賢譯：《大正藏》《月光菩薩經》卷 1。

39. 宋・王日修校輯：《大正藏》《佛說大阿彌陀經》卷 1。

40. 宋・寶臣述：《大正藏》《注大乘入楞伽經》卷 8〈14 剎那品〉。

41. 宋・紹德等譯：《大正藏》《佛說大乘隨轉宣說諸法經》卷 1。

42. 宋・施互譯：《大正藏》《醫喻經》卷 1。

43. 宋・紹德等譯：《大正藏》《佛說大乘隨轉宣說諸法經》卷 1。

44. 宋・天息災譯：《大正藏》《分別善惡報應經》卷 1。

45. 宋・遵式述：《大正藏》《注肇論疏》卷 5。

46. 宋・法雲編：《翻譯名義集》卷 3。

47. 明・弘贊輯：《大正藏》《四分律名義標釋》卷 27。

48. 明・凌弘憲點釋：《楞嚴經證疏廣解》卷 8。

49. 般剌密諦譯，明・鐘惺撰：《大正藏》《楞嚴經如說》卷 1。

50. 清・性權記：《大正藏》《四教儀註彙補輔宏記》卷 6。

51. 清・儀潤證義作：《大正藏》《百丈清規證義記》卷 5。

52. 清・性權記：《大正藏》《四教儀註彙補輔宏記》卷 6。

53. 失作譯者：《大正藏》《建立曼荼羅護摩儀軌》卷 1。

54. 失譯作者：《大正藏》《無畏三藏禪要》卷 1。

55. 失作譯者：《大正藏》《建立曼荼羅護摩儀軌》卷 1。

56. 失作譯者：《大正藏》《藥師經疏》卷 1。

57. 失作譯者：《翻梵語》卷 3。

58. 〈覺禪鈔第三・藥師法〉，《大正藏》圖像冊，第三卷。

59. 十二藥叉神將,《大正藏》圖像冊,第七卷。

五、引用圖像

1. 增多傑:《唐卡中的極樂世界》(台北,達觀出版,2008 年 10 月)。

2. 堪布‧尼瑪繪製、解說:《佛教唐卡繪畫之延革》(台中,龍欽佛學會,2011 年 03 月)。

3. 藥師如來像。《大正藏》圖像部卷三,圖像抄一,no.15,高野山眞別處圓通寺藏本。

4. 日光菩薩。《大正藏》圖像部卷一,大悲胎藏界曼陀羅(文殊院)。

5. 月光菩薩。《大正藏》圖像部卷一,大悲胎藏界曼陀羅(除蓋障院)。

6. 八大菩薩像(八幅),《大正藏》圖像部卷六,京都醍醐四藏本。

7. 藥師十二神世流布像‧(子～巳)。《大正藏》圖像部卷四,覺禪鈔第三,京都勸寺藏本,No.20～25。

8. 藥師十二神世流布像‧(午～亥)。《大正藏》圖像部卷四,覺禪鈔第三,京都勸寺藏本,no.26～31。

9. 藥師十二神‧(寅～未)。《大正藏》圖像部卷四,覺禪鈔第三,京都勸寺藏本,No.14～19。

10. 藥師十二神‧(申～丑)。《大正藏》圖像部卷四,覺禪鈔第三,京都勸寺藏本,No.20～25。

11. 藥師及八大菩薩像。《大正藏》圖像部卷四,覺禪鈔第三,京都勸修寺藏本。

12. 藥師三尊。《大正藏》圖像部卷四,覺禪鈔第三,京都勸修寺藏本。

13. 八大菩薩。《大正藏》圖像部卷三,別尊雜記卷四,京都仁和寺藏本。

14. 五字文殊。《大正藏》圖像部卷三,別尊雜記卷四,京都仁和寺藏本,no.97。

15. 藥王菩薩。《大正藏》圖像部卷三,圖像抄一,高野山眞別處圓通寺藏本,no.49。

16. 藥師。《大正藏》圖像部卷三,別尊雜記卷四,no.15,京都仁和寺藏本。

六、引用網路資源

1. 98～101 年醫院及教學醫院評鑑(含精神科)合格名單。行政院衛生署統計資料。102.06.10。www.tjcha.org.tw/hafee/list.aspx?AspxAutoDetectCookieSupport=1。

附　錄

附錄一：密教藥師如來修持儀軌

　　密教修持有幾項與顯教修持不同，於此僅列舉「臺灣式」個人修持方式的概說。至於行者修持應獲具德上師之指導，密教各法有傳承上規定，必須經過上師灌頂〔註1〕方得修持，此乃是密教謹守之傳承，密教常用以為維護法統及不犯盜法之罪。

　　筆者觀察現今顯教、密教道場，歸類如下顯、密二教，個人或家庭式修持儀式上有幾點的同、異，如下說明：

　　1、法像擺設之差別。顯、密二教在個人修持的法壇上幾乎無有差別，即是要有行者自行修持的法桌（壇）及本尊像，但往往大部份的密教行者不止一尊主修法像，此端賴個人決擇擺設，唯以個人認為莊嚴淨肅為原則。

　　2、供養法器之差別。顯教修持所備供養器具常見有鮮花、佛燈、供果、淨水、焚香爐，此與密教無異；唯密教有以「八供」〔註2〕為供養法器之特色。

　　3、修持法本之差別。顯教修持常見以顯教念誦之大字經本、懺文本為主要的「早、晚課」課誦修持；而密教尚有以經、懺文及個人主要修持儀軌為日常修持的修行功課。

　　此列舉三項在臺灣所常見的在家修行的優婆塞、優婆夷在顯、密之修持上的分別。因臺灣佛教界的發展，顯、密二教在最近幾年的發展趨勢，在家居士個人修持上常有融合現象，即顯教居士有兼修密教法儀，或修密教居士

〔註1〕梵語 Adhiṣekz 天竺國王即位時，以四大海之水，灌於頂而表祝意。密教倣此世法，於其人加行成就、嗣阿闍黎位時，設壇而行灌頂之式。

〔註2〕「八供」，又稱八供杯，指八個置於佛前之供杯，分別置放八種供品，依次是淨水、淨水、花鬘、焚香、明燈、塗香、供果、螺樂。

是由顯教修持而入門，或者有往來於顯、密二教道場之修行居士、沙門，此皆由修行者居士或沙門行者自性之決擇，實應不分軒輊。

（一）《密乘法海》〈藥師佛念誦法〉〔註3〕多傑覺達格西撰。

《密乘法海》一書序中言此書名之由來：「應知以權，引而進之，俾入聖城，始顯終密，是如來教。……上師金剛大持，多傑覺拔，總攝尊者，乘願應化，示迹西康，嫡承五部，總持萬法，出顯入密。……恭承（師）慈悲，傾囊口授，凡諸秘密，委悉指陳，始六月朔，竟十月望，法王大璽，諸尊密契，莫不畢示，囑令宏傳。欽承慈命，筆而譯出，諸尊儀軌，百數十種，部以別之，釐為七類，始於根本，訖於護法，凡百八冊，以承尊志。五部四教，無量總持，會而歸之，猶如淵海，故賜嘉名。」〔註4〕

筆者說明，密教法門常應受密教上師灌頂、傳授後，方可依該法本修持，修持者若不受應允，易不可私授予他人。此念誦法乃接近筆者受傳之念誦本，是坊間難覓之經典，今日書於本論，饗予同好，若有見聞者當倍珍惜。又本法本並無說明修法之前應具備何等供養法器，然而修持密教法儀之先所準備之供養物應與顯教並無差異，應如前弘一大師所述行儀之前應先漱洗清淨，八供品及鮮花、供果、供燈、焚香等供物，於修法儀式前即擺設安放完備，燃香頂禮三拜後，就座修持。

（先　行者禮佛三回）

先　四皈依（文中未書明）〔註5〕

次　四無量心（文中未書明）〔註6〕

〔註3〕多傑覺達格西撰：《密乘法海》（臺北：新文豐出版社，1987年6月），頁195～198。

〔註4〕多傑覺達格西撰：《密乘法海》（臺北：新文豐出版社，1987年6月），頁2。

〔註5〕在此法中並未直接載文，但同書中可尋獲見之文見於前文中譯記載：「我今敬對十方三世如來，及一切身口意清淨三業，並八萬四千法門所自出之一切賢聖僧、戒師、法師、有無上法力之密教師，皆至誠皈依。皈依上師，皈依佛，皈依法，皈依僧。皈依堅固不壞曼陀羅中所有金剛上師，及一切眷屬，皈依具有慧眼，護持希有無上佛教者。」多覺覺達格西撰：《密乘法海》（臺北：新文豐出版社，1987年6月），頁43。

〔註6〕四無量心唸誦一文，見同一書中，中譯文：「令一切眾生之樂及樂因，永永不失是慈無量。令一切眾生之苦及苦因，永永脫離是悲無量。令一切眾生永遠不斷喜樂及喜樂之因，是喜無量。令一切眾生遠離分別愛憎，苦樂善惡悉皆平等，是捨無量。」多覺覺達格西撰：《密乘法海》（臺北：新文豐出版社，1987年6月），頁47。

次 發菩提心（文中未書明）〔註7〕

次 淨業觀空

觀空中ॐ字變爲蓮花，（蓮花）上有ཨ字變爲月輪，（月輪）上有藍ཧ字放光。作兩事已，光返入吽字，變成藥師佛，身如藍寶石色，一頭二臂，清淨無比，右手施願印，持降伏三毒之柯子，左手定印上托缽，缽中滿盛普療眾病之藥，具三十二相，八十種好，清淨光明，本來具足。披三衣，結跏趺坐，坐於光聚中，額、喉、心三字具足。

次 吽字放光，請藥師佛本尊，與十方諸佛圍繞降壇。誦召請咒四字明，與自身合一無二無別。

次 心中吽字放光，請五方佛灌頂，誦灌頂咒。（觀已之）罪業消滅，甘露充滿，盈溢至頂，頂上米覺巴圓成。

次 獻八供。（先灑淨次誦咒）

嗡 古汝捫覩雅 阿爾港（八旦 部別 都別 阿珞給 更得 尼溫得）至下打。

次 本尊讚（原藏文省略，或可誦譯音或譯義，擇一而誦，今僅載中譯義）

平等慈悲伏魔德，

苦趣聞名即解脫，

能降三毒琉璃光，

無上藥師我讚禮。

次 觀本尊（藥師佛）心月輪上，吽字周圍咒字如珠環繞放光，一切眾生罪障清淨。佛、菩薩加被光明，悉入咒輪，化爲甘露，灌注全身。除一切病魔，而顯不生不滅之法身，隨觀隨誦。

咒曰：（原藏文省略）

（中譯音）嗡 納謨榜嘎哇得 白喀者汝捫覩雅 紥把惹雜雅 打他嘎打雅 阿哈得桑尼雅桑布打雅（以下心咒）打雅他 嗡白喀者 白喀者 嘛哈白喀者白喀者 惹雜灑母嘎得 娑哈

〔註7〕皈依文見同一書中，中譯文：「弟子，從此皈依三寶，直至菩提，永不退轉，所有大小各善，悉以迴施眾生，速成佛道。」多覺覺達格西撰：《密乘法海》（臺北：新文豐出版社，1987年6月），頁44。

次　觀本尊心月輪上，咒字又復放光普照眾生，一切疾病罪業，悉皆消滅。十方諸佛，悉皆供養。光返入於自心，再誦咒（每次約兩千五百遍）誦已。

次　百字明（具祈願與補闕功德，文中未書明）

次　獻八供（同前獻八供次第）

　　（先灑淨次誦咒）嗡　古汝捫覩雅　阿爾港（八旦　部別　都別　阿珞給　更得　尼溫得）至下打。

次　偈讚（本文中未載內容，但可取前弘一法師之讚偈）

　　歸命滿月界　淨妙琉璃尊　法藥救人天　因中十二願
　　慈悲弘誓廣　願度諸含生　我今申讚揚　志心頭面禮

次　迴向（原藏文省略，或可誦譯音或譯義，擇一而誦）

　　願以所修功德，
　　速成藥王悉地，
　　六道有情盡度，
　　隨願往生佛刹。

次　奉送（文中未書明）

此法儀軌乃多傑覺達格西所撰寫，藏密分為四大教別，各教別之儀軌可能略有不同，於此並不詳載，行者各依法門之指導教授而修習。

（二）《藥師琉璃光如來消災除難念誦儀軌》〔註8〕一行阿闍梨撰集。

前言：

　　先淨身口意　歸命佛法僧　敬禮遍照尊　十方諸聖眾
　　我今略開演　秘密消災法　此法世尊說　最勝最第一
　　速出離生死　疾證大菩提　為順眾生界　及說除災難
　　增敬降伏法　女人懷難月　產危難生子　及遭疾患者
　　神鬼作禍殃　建立曼拏攞　塑畫本尊像　燈燃四十九
　　供養琉璃尊　晝夜恆照明　奉香花果食　五色成幡蓋
　　放水陸眾生　日滿四十九　加持五色線　繫於病人項
　　欲修如是法　智者先從師　受三昧耶戒　發大菩提心

〔註 8〕唐・一行撰：《藥師琉璃光如來消災除難念誦儀軌》卷1，（CBETA, T19, no. 922, p. 20, b5～p. 22, c1）。筆者按，此儀軌乃依東密形式編纂，世不多見，彌足珍貴。筆者於一行法師原文作次第分別，無改原文。

得持明灌頂　阿闍梨印可　然後乃修持　山林閒靜處
河池及海岸　或自居住處　塗拭曼拏攞　方圓隨本意
置二關伽水　安排下七位　燒香花燈明　飲食塗香等
陳設壇四邊　懺悔並隨喜　勸請發願等　回向諸功德
相應成悉地　順教而修習　輪結契印法

先　佛部加持。（筆者註：觀想諸佛海會住於虛空，並加持行者）

佛部心密印　定慧應內縛　雙慧具申豎　觀佛滿虛空
誦真言七遍　頂上而散印　真言曰

唵爾曩爾迦娑縛賀

由此加持故　諸佛悉雲集　光明照行人　離障速成就

次　蓮花部加持。（筆者註：觀想諸菩薩海會住於虛空，並加持行者）

次結蓮花部　心印如前契　屈定輪入掌　慧輪而建立
應觀觀自在　與蓮華眷屬　在諸如來右　念真言七遍
頂右而散印　真言曰

唵阿魯力迦娑縛賀

由此加持故　菩薩眾雲集　行人為同事　所求皆滿足

次　金剛部加持。（筆者註：觀想諸金剛護法海會住於虛空，並加持行者）

次結金剛部　心印亦如前　屈慧輪入掌　定輪而豎建
應觀金剛手　一切持金剛　住在如來左　念真言七遍
頂左而散印　真言曰

唵縛日囉地力迦娑縛賀

以此加持故　金剛眾雲集　承佛本願故　護衛修行者
三業如金剛　堅固無能壞

次　披甲護身。（筆者註：行者如披戰甲，為利益眾生勇猛精進）

次結披甲印　止觀各為拳　持輪橫在掌　止拳而安心　觀拳加五處
額兩肩心喉　加持頂上散　真言曰

唵僕入縛攞帝惹吽

由此印真言　加持被甲故　諸魔不陵逼　速疾獲成就
一切佛頂中　是印大威德　纏結印護身　人天皆敬仰
一切嶮難處　及諸災難時　悉皆獲安樂

次　壇城觀。（筆者註：七次加持，所處應為淨壇）

次志心虔懇　殊奢摩他〔註9〕輪　毘鉢舍那〔註10〕持　印地念眞言

加持滿七遍

轉此雜染所　成淨妙佛土　眞言曰

唵步欠

由此加持故　成本尊淨土　有大寶宮殿　種種持莊嚴

於寶宮殿中　想藥師如來　菩薩眾圍繞　而觀曼拏攞

次　迎請。（筆者註：迎請諸佛、菩薩臨壇）

次結迎請印　用前佛部心　二輪向身招　念眞言三遍

眞言曰

唵爾曩爾迦翳�曳泗婆誐敷�d瑟恨灑野娑敷賀

由此加持故　一切作障者　悉皆而遠走　恭敬修行者

次　獻閼伽水。（筆者註：獻淨水，淨浴聖足，並作祈願）

次獻閼伽水　時花汎其上　寶藥香種子　置之於水內

捧至頂上獻　念眞言七遍　想浴聖眾足　稱所求之願

眞言曰

曩莫三滿哆沒馱喃唵誐誐曩娑麼娑麼娑敷賀

由獻香水故　離垢獲清淨　當得灌頂地　證如來法身

次　獻座。（筆者註：觀蓮座如雲海，敬獻本尊及諸眷屬）

次結獻座印　五頂開敷花　想從印流出　蓮花獅子座

眞言曰

唵迦麼攞悉孕娑敷賀

由此眞言印　本尊並眷屬　各受寶蓮華　金剛獅子座

次　普供養。（筆者註：供養諸如來、菩薩及聖眾、眷屬以諸多供品）

次結普供養　大印之儀則　珠頂初分交　從印中流出

種種諸供養　燒香花燈明　塗香飲食等　眾伎樂雲海

〔註9〕奢摩他。禪定七名之一，譯曰止，寂靜、能滅等。攝心住於緣，離散亂也。
明‧凌弘憲點釋：《楞嚴經證疏廣解》卷8，「何謂奢摩他者，以照了自性爲體，
三摩波提以分別境界，爲緣圓覺云奢摩他，寂靜三摩正憶持此，即一體三名
爲正定、觀察及總持也」（CBETA, X14, no. 288, p. 205, a10～12 // Z 1：22, p. 104,
c10～12 // R22, p. 208, a10～12）。

〔註10〕毘鉢舍那，（毘鉢舍那）。譯曰觀、見、種種觀察等，觀見事理也。明‧凌弘
憲點釋：《楞嚴經證疏廣解》卷8：「又名毗婆舍那者，即觀察義也」（CBETA,
X14, no. 288, p. 205, a12 // Z 1：22, p. 104, c12 // R22, p. 208, a12）。

臺繖寶樓閣　　寶座等莊嚴　　勝妙幢幡蓋　　賢瓶眾香水

皆從印流出　　遍虛空法界　　供養諸如來　　菩薩及聖眾

真言曰

曩莫三滿哆沒馱喃薩縛欠嗢娜誐帝娑頗囉泗椧誐誐曩欠娑敷賀

便以三等力　　真實妙伽陀〔註11〕誠心念三遍　　一切皆成就

以我功德力　　如來加持力　　及以法界力　　普供養而住

次　五佛灌頂。（筆者註：此五佛加持故，遠離魔障）

後結佛大慈　　護印之儀軌　　五頂堅固縛　　勝輪頂豎合

印心額喉頂　　等諸佛自體　　真言曰

唵沒馱眛怛哩縛日囉洛乞叉晗

由此加持故　　一切魔障難　　及惡人相害　　疾起於慈心

次　佛眼加持。（筆者註：佛母加持佛眼，並滿一切願）

次結佛眼印　　應以三補吒〔註12〕二蓋持光背　　猶如笑眼形

屈二輪各持　　二光中節文　　印自身五處　　佛母常加護

念佛眼根本　　真言曰

曩謨婆誐縛�妬烏瑟抳灑野唵嚕嚕娑普嚕入縛攞底瑟大悉馱路左爾薩

縛羅他娑馱寧娑敷賀

由此印真言　　加持威力故　　能滿一切願　　除一切不祥

生一切福德　　滅一切罪障　　能令諸有情　　見聞獲安樂

次　禮讚。（筆者註：稱讚如來，此讚除密印文外與顯教相同）

次稱揚讚歎　　本尊之功德

歸命滿月界　　淨妙琉璃尊　　法藥救人天　　因中十二願

慈悲弘誓廣　　願度諸含生　　我今申讚揚　　志心頭面禮

根本之密印　　二羽內相叉　　兩腕稍相去　　開張二三寸

禪智而來去

次　本尊真言。（筆者註：藥師佛真言陀羅尼）

〔註11〕伽陀。阿伽陀之略，藥名。宋・法雲編：《翻譯名義集》卷3，「阿伽陀。此云普去，能去眾病。又翻圓藥。華嚴云，阿伽陀藥。」（CBETA, T54, no. 2131, p. 1108, a25～26）。

〔註12〕三補吒。譯作虛心合掌。唐・一行述記：《大日經義釋》卷10：「以十指爪相當齊等以指頭相合，掌中心小不相著，名三補吒合掌。」（CBETA, X23, no. 438, p. 429, c6～7 // Z 1：36, p. 411, a18～b1 // R36, p. 821, a18～b1）。

彼大眞言曰

曩謨婆誐縛帝佩殺紫野虞嚕吠汝哩也鉢羅婆囉惹野怛他蘖哆野囉喝

帝三藐沒馱野怛爾也他唵佩殺爾曳佩殺爾曳佩殺紫野三麼弩藥帝娑

皶賀

由是本尊故　誦眞言數遍　七遍至百八　散印於頂上

陳所祈願心　對彼本尊前　願悉垂照矚　殄災除橫死

次　加持念珠。(筆者註:因加持念珠故,所獲福德倍於平常)

次即取數珠　盤置雙掌內　加持成七遍　捧珠安頂上

眞言曰

唵縛日囉虞醯曳惹跛三麼曳吽

由此眞言印　加持念珠故　從母珠初起　一遍捻一珠

眞言未字畢　至母珠却迴　不應越母珠　蠚過越法罪

廣教萬八千　略之一百八　限數即終畢　再捧珠加持

稱所祈求事　志心普迴施

次　十二神將加持。(筆者註:此十二藥叉神將眞言)

是法印呪,若善男子、善女人等,多諸障難,一切疾病,女人難月
產厄,願欲轉禍為福,並患鬼神並難差等,以五色線搓索,呪繫病
人項及手足腰腹等。仍須請高僧,建置道場造本尊像,寫藥師經六
時行道。燃七層燈,造五色幡四十九尺,日轉經四十九遍,放水陸
生命四十九頭,時花果子,殷勤供養,呪五色線發願,又以印拄於
線上,更呪四十九遍,結四十九結。復念此

眞言曰:

曩謨囉怛曩怛囉夜耶那謨金毗羅和耆囉彌怯囉安陀囉摩尼囉素藍囉
因達囉婆耶囉摩休囉眞持囉照頭囉毗伽囉那謨毗舍闍耶怛姪他唵毗
舍施毗舍施毗舍闍娑摩揭帝娑皶賀

次　禮讚。(如前)

復讚禮本尊　結本尊密印　念眞言七遍

次　獻閼伽水。(如前)

復獻閼伽水

次　普供養。(如前)

如前申供養　辦事佛頂印　念明句三遍　左旋而解界

次　奉送。（筆者註：如前觀想）

　　奉送於聖眾　如前迎請印　二輪向外撥　想像虛空中
　　還歸於淨土　安居寶宮殿
　　唵爾曩爾迦藥蹉藥蹉婆誐縛妫瑟膩灑野娑敷賀
　　奉送本尊已　即結佛慈護　三昧耶密契　加持印四處

次　佛眼。（如前）

　　復結佛眼印　眞言印五處

次　三部加持。（如前）

　　結三部心印　各本明三遍
　　復結甲護身　眞言印五處

次　禮佛。（筆者註：下座禮佛三回，即可退離壇場）

　　禮佛發大願　隨意任經行

　　藥師如來消災除難念誦儀軌　　（畢）

　　此密教儀軌乃一行大師編纂之行儀，今分列文書之，可一窺顯教、密教儀軌相去無幾。於此讓樂於修持藥師法門者，依自性之喜好，選擇一種專意念誦修持。倘能修持不懈，有所契心，皆能使人發起無量悲心，誓為行菩薩道而為四無量心，如本體意識之甦醒，此是大乘釋教無分別義，所分別的僅是眾生悟性之遲速、發心與否之問題。密教修持是直觀心性法門，具有不思議靈感力，是諸佛所說眞實義。

　　筆者於此密教部分列《密乘法海》〈藥師佛念誦法〉、《藥師琉璃光如來消災除難念誦儀軌》二種行法儀軌，此二法門皆屬密教佛法相應法門，修持此二法門之一，皆可因精進波羅蜜、禪定波羅蜜漸次於心中生起四無量心，再次以成就藥師佛之願力布施諸有情眾生，使諸有情眾生能相應到藥師佛無垢弗界之願力。筆者認為此二儀軌皆具法門儀軌，但就其形式、性質各稍有區別：

　　1、《密乘法海》之〈藥師佛念誦法〉一儀軌乃屬藏密金剛上師多傑覺達格西囑付撰寫的儀軌。而《藥師琉璃光如來消災除難念誦儀軌》乃比較偏屬東密一系之儀軌，因為其次第與東密專屬之「四度加行」有非常相似的念誦次第形式。

　　2、《密乘法海》〈藥師佛念誦法〉以其篇幅之長度及次第的總體觀感，偏屬於個人修持的念誦法，是個人禪定見性之藥師相應法門。而《藥師琉璃光

如來消災除難念誦儀軌》的篇幅長度倍於前者，且其次第之繁複亦如篇幅之倍於前者，其性質有如羯摩〔註13〕法門。

　　佛依眾生無量需求，而說無量法門。行法儀軌殊勝，行者應具無分別心修持，能發揮一己之長才造福他人，方無違佛性本質。

〔註13〕羯摩。失作譯者：《翻梵語》卷3，「羯摩（譯曰事亦云作）」（CBETA, T54, no. 2130, p. 1003, b9）。

附錄二：圖像

1. 藥師佛壇城圖（堆繡唐卡，清代，西藏）

增多傑，《唐卡中的極樂世界》，台北，達觀出版，2008年10月，頁219。

2. 藥師佛淨土（布本設色唐卡，現代，西藏）

增多傑，《唐卡中的極樂世界》，台北，達觀出版，2008 年 10 月，頁 213。

3. 藥師七佛（金汁紙畫唐卡，清代，西藏）

增多傑，《唐卡中的極樂世界》，台北，達觀出版，2008 年 10 月，頁 217。

4. 藥師八佛

堪布‧尼瑪繪製、解說,《佛教唐卡繪畫之延革》,台中,龍欽佛學會,2011 年 03 月,頁 98。

5. 藥師佛（布本設色唐卡，清代，西藏）

增多傑，《唐卡中的極樂世界》，台北，達觀出版，2008 年 10 月，頁 215。

6. 藥師佛及脅侍菩薩（日光、月光菩薩）

堪布‧尼瑪繪製、解說，《佛教唐卡繪畫之延革》，台中，龍欽佛學會，2011 年 03 月，頁 100。

7. 藥師如來

《大正藏》圖像部卷三，圖像抄一，no.15，高野山眞別處圓通寺藏本。

8. 日光菩薩

《大正藏》圖像部卷一，大悲胎藏界曼陀羅（文殊院）。

97

三青蓮上半月形

尊黄色坐赤蓮華

童子形也

9. 月光菩薩

《大正藏》圖像部卷一，大悲胎藏界曼陀羅（除蓋障院）。

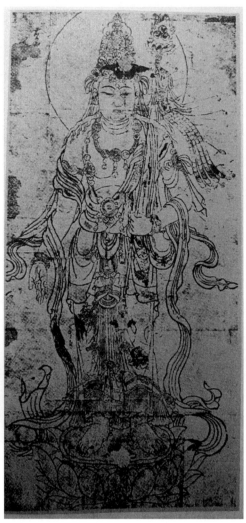

10. 八大菩薩像（八幅），《大正藏》圖像部卷六，京都醍醐四藏本。
　　10-1（右）除蓋障菩薩；10-2（左）地藏菩薩

10. 八大菩薩像（八幅），《大正藏》圖像部卷六，京都醍醐四藏本。
　　10-3（右）金剛手菩薩；10-4（左）曼殊室利菩薩

10. 八大菩薩像（八幅），《大正藏》圖像部卷六，京都醍醐四藏本。
　　10-5（右）慈氏（彌勒）菩薩；10-6（左）普賢菩薩

10. 八大菩薩像（八幅），《大正藏》圖像部卷六，京都醍醐四藏本。
    10-7（右）觀自在菩薩；10-8（左）虛空藏菩薩

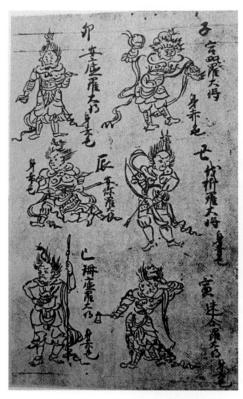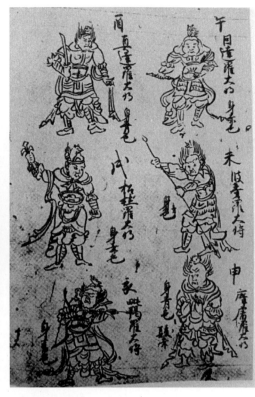

11.（左）藥師十二神世流布像・（子～巳）

《大正藏》圖像部卷四，覺禪鈔第三，京都勸寺藏本，No.20～25。

12.（右）藥師十二神世流布像・（午～亥）

《大正藏》圖像部卷四，覺禪鈔第三，京都勸寺藏本，no.26～31。

　　11、12 圖與初唐莫高窟 220 窟中的十二神將一樣，各神將頭上皆有一獸頭形象，配合中國十二地支以示其屬相，並冠以神號。如：

　　（子神），鼠冠，宮毘羅大將。　　　（丑神），牛冠，伐折羅大將。
　　（寅神），虎冠，迷企羅大將。　　　（卯神），兔冠，安底羅大將。
　　（辰神），龍冠，頞儞羅大將。　　　（巳神），蛇冠，珊底羅大將。
　　（午神），馬冠，因達羅大將。　　　（未神），羊冠，波夷羅大將。
　　（申神），猴冠，摩虎羅大將。　　　（酉神），雞冠，眞達羅大將。
　　（戌神），狗冠，招杜羅大將。　　　（亥神），豚冠，毘羯羅大將。

13.（左）藥師十二神・（寅～未）

《大正藏》圖像部卷四，覺禪鈔第三，京都勸寺藏本，No.14～19。

14.（右）藥師十二神・（申～丑）

《大正藏》圖像部卷四，覺禪鈔第三，京都勸寺藏本，No.20～25。

15. 藥師及八大菩薩像

《大正藏》圖像部卷四，覺禪鈔第三，京都勸修寺藏本。

16. 藥師三尊

《大正藏》圖像部卷四，覺禪鈔第三，京都勸修寺藏本。

17. 八大菩薩

《大正藏》圖像部卷三，別尊雜記卷四，京都仁和寺藏本。

右手執青蓮花上五股杵或當青蓮上梵篋

或當血弄琥頂有五化佛右手持琥篋

遍身血金色如童子相頂有五髻弄有金經

法三清記云 八葉院 觀音在西南角

18. 五字文殊

《大正藏》圖像部卷三，別尊雜記卷四，京都仁和寺藏本。，no.97。

19. 藥王菩薩

《大正藏》圖像部卷三，圖像抄一，高野山眞別處圓通寺藏本。no.49

20. 藥師

《大正藏》圖像部卷三，別尊雜記卷四，no.15，京都仁和寺藏本。